Pães
e outras delícias
PASSO A PASSO

Pães
e outras delícias
PASSO A PASSO

Caroline Bretherton

PUBLIFOLHA

www.dk.com
Título original: *Step-by-step bread*

Publicado originalmente na Grã-Bretanha em 2012 pela Dorling Kindersley Limited, 80 Strand, Londres WC2R 0RL, Inglaterra, uma empresa da Penguin Random House

COORDENAÇÃO DO PROJETO: PUBLIFOLHA
Editor assistente Thiago Barbalho
Coordenadora de produção gráfica Mariana Metidieri
Produtora gráfica Samantha R. Monteiro

PRODUÇÃO EDITORIAL: AA STUDIO
Coordenação e edição Ana Luisa Astiz
Editoração eletrônica Paula Astiz Design
Tradução Isabela Benseñor e Mario Bresighello
Preparação Beth Ardions e Marília Mendes
Revisão Alexandra Fonseca, Beth Ardions e Juliana Caldas
Consultoria Márcia Gowdak

EDIÇÃO ORIGINAL: DORLING KINDERSLEY
Editor assistente David Fentiman
Editor sênior Alastair Laing
Editora de arte do projeto Kathryn Wilding
Editora sênior de arte Sara Robin
Gerente editorial Dawn Henderson
Gerente de arte Christine Keilty
Criação de capa Nicola Powling
Editora de produção Siu Chan
Controller de produção Claire Pearson
Suporte técnico de criação Sonia Charbonnier
Fotografia Howard Shooter e Michael Hart

DK INDIA
Editora assistente Ekta Sharma
Designer Divya PR
Gerente editorial Glenda Fernandes
Gerente de arte Navidita Thapa
Gerente de produção gráfica Sunil Sharma
Produtor gráfico Rajdeep Singh

Dados Internacionais de Catalogação na Publicação (CIP)
(Câmara Brasileira do Livro, SP, Brasil)

Bretherton, Caroline

Pães e outras delícias passo a passo / Caroline Bretherton ; [tradução Isabela Benseñor e Mario Bresighello]. – São Paulo : Publifolha, 2015.

1ª reimp. da 1ª ed. de 2013.
Título original: Step-by-step bread.
ISBN 978-85-7914-433-2

1. Culinária (Receitas) 2. Pães (Culinária) I. Título.

13-00785 CDD-641.815

Índices para catálogo sistemático:
1. Pães : Receitas : Culinária : Economia doméstica 641.815

Este livro segue as regras do Acordo Ortográfico da Língua Portuguesa (1990), em vigor desde 1º de janeiro de 2009.

Impresso na China.

PUBLIFOLHA
Divisão de Publicações do Grupo Folha
Al. Barão de Limeira, 401, 6º andar
CEP 01202-900, São Paulo, SP
Tel.: (11) 3224-2186/2187/2197
www.publifolha.com.br

NOTA DO EDITOR
As receitas de *Pães e outras delícias passo a passo* foram extraídas do livro *Do forno para a mesa* (Publifolha, 2012). Pessoas com restrições alimentares, grávidas e lactantes devem consultar um médico especialista sobre os ingredientes de cada receita antes de prepará-la. As fotos deste livro podem conter acompanhamentos ou ingredientes meramente ilustrativos.

Sumário

Para o café da manhã

Biscoito de leitelho
p. 130

10 MIN | 15 MIN

Pane al latte
p. 164

30 MIN | 20 MIN

Panqueca americana de mirtilo p. 132

10 MIN | 15-20 MIN

Panqueca com banana, iogurte e mel p. 136

10 MIN | 15-20 MIN

Croissant
p. 176

1H | 15-20 MIN

Croissant com amêndoa
p. 179

1H | 15-20 MIN

Folhado de damasco
p. 180

30 MIN | 15-20 MIN

Meia-lua de amêndoa
p. 182

30 MIN | 15-20 MIN

Folhado de damasco
p. 183

30 MIN | 15-20 MIN

Bagel
p. 50

40 MIN | 20-25 MIN

Pain au chocolat
p. 178

1H | 15-20 MIN

Pão multigrãos
p. 36

45-50 MIN | 40-45 MIN

Para o chá da tarde

Bara Brith
p. 170

40 MIN | 25-40 MIN

Muffin inglês
p. 30

25-30 MIN | 13-16 MIN

Pão doce de canela
p. 172

40 MIN | 25-30 MIN

Oatcake
p. 114

20 MIN | 15 MIN

Crumpet
p. 138

10 MIN | 20-26 MIN

Pão de Páscoa
p. 175

30 MIN | 15-20 MIN

Briochinho
p. 158

45-50 MIN | 15-20 MIN

Pão doce Chelsea
p. 174

30 MIN | 30 MIN

Uma refeição completa

Pizza quatro estações
p. 82
40 MIN | 40 MIN

Calzone de pimentão
p. 86
25 MIN | 15-20 MIN

Pissaladière
p. 88
20 MIN | 1H25

Paratha recheado
p. 100
20 MIN | 15-20 MIN

Quesadilla
p. 104
5-10 MIN | 30-35 MIN

Esfirra de cordeiro
p. 94
40-45 MIN | 10-15 MIN

Panqueca Staffordshire
p. 144
10 MIN | 15 MIN

Galette de trigo-sarraceno
p. 142
25 MIN | 25-30 MIN

Zwiebelkuchen
p. 90
30 MIN | 60-65 MIN

Aperitivos

Crostini de ciabatta
p. 42
15 MIN · 10 MIN

Grissini
p. 106
40-45 MIN · 15-18 MIN

Biscoito de parmesão e alecrim p. 112
10 MIN · 15 MIN

Crisp de pão pita
p. 95
10 MIN · 7-8 MIN

Blini
p. 146
20 MIN · 15 MIN

Canapé de guacamole e camarão p. 105
15 MIN · 10-15 MIN

Palito de queijo
p. 113
10 MIN · 15 MIN

Grissini com presunto cru
p. 109
45 MIN · 15-18 MIN

Pretzel
p. 54
50 MIN · 20 MIN

Biscoito de stilton e nozes
p. 110
10 MIN · 20 MIN

Pães para todo dia

Pão cottage integral
p. 16
35-40 MIN | 40-45 MIN

Pão branco
p. 20
20 MIN | 40-45 MIN

Ciabatta
p. 40
30 MIN | 30 MIN

Pane al latte
p. 164
30 MIN | 20 MIN

Pão siciliano
p. 76
20 MIN | 25-30 MIN

Pão rápido de abóbora
p. 122
20 MIN | 50 MIN

Pão de centeio artesanal
p. 72
25 MIN | 40-50 MIN

Pumpernickel
p. 75
20 MIN | 30-40 MIN

Pão sourdough
p. 62
45-50 MIN | 40-45 MIN

Focaccia de alecrim
p. 46
30-35 MIN | 15-20 MIN

Pão de nozes e alecrim
p. 21
20 MIN | 30-40 MIN

Baguete com farinha integral
p. 71
20 MIN | 20-25 MIN

Chalá
p. 163
45-55 MIN | 35-40 MIN

Pão de milho
p. 126
15-20 MIN | 20-25 MIN

Hefezopf
p. 160
20 MIN | 25-35 MIN

Pão de milho anadama
p. 38
25 MIN | 45-50 MIN

Pão rápido
p. 118
10-15 MIN | 35-40 MIN

pães clássicos

Pão cottage integral

A absorvência da farinha integral varia, exigindo mais ou menos farinha refinada e água.

2 UNID | 35-40 MIN | 40-45 MIN | ATÉ 8 SEM

Tempo de descanso
1h45-2h15

Utensílio
1 assadeira antiaderente

Ingredientes

60 g de manteiga sem sal, mais um pouco para untar
3 colheres (sopa) de mel
4 colheres (sopa) de água morna
3 colheres (chá) de fermento biológico seco
1 colher (sopa) de sal
125 g de farinha de trigo, mais um pouco para polvilhar
625 g de farinha de trigo integral

1 Derreta a manteiga. Junte 1 colher (sopa) de mel e a água morna em uma tigela.

2 Polvilhe o fermento na mistura de mel. Deixe por 5 minutos para dissolver e mexa uma vez.

3 Misture a manteiga, o fermento, o sal e o mel restante em 400 ml de água morna.

4 Adicione a farinha e metade da farinha integral e misture.

5 Aos poucos, junte o restante da farinha integral, mexendo após cada adição.

6 A massa deve ficar macia e um pouco grudenta, soltando das laterais da tigela.

7 Coloque a massa sobre uma superfície enfarinhada e polvilhe mais farinha de trigo.

8 Sove por 10 minutos até ficar macia e elástica. Faça uma bola.

9 Coloque a massa em uma tigela untada, girando-a para untar de maneira uniforme.

10 Cubra com um pano úmido. Deixe descansar por 1 hora, até dobrar de tamanho.

11 Unte a assadeira. Em uma superfície com farinha, pressione a massa para tirar o ar.

12 Cubra e deixe descansar por 5 minutos. Corte em três partes e uma delas ao meio.

13 Cubra um pedaço pequeno e um grande com um pano de prato e modele os restantes.

14 Faça uma bola firme com o pedaço grande.

15 Vire a bola, deixando a parte mais perfeita para cima, e coloque-a na assadeira untada.

16 Faça o mesmo com o pedaço pequeno, colocando-o em cima da bola maior.

17 Usando o indicador, faça um buraco no centro das bolas até chegar à assadeira.

18 Faça o mesmo com as duas massas restantes para moldar o segundo pão.

19 Cubra com panos. Deixe descansar por 45 minutos ou até dobrar de tamanho.

20 Preaqueça o forno a 190°C. Asse por 40-45 minutos até dourar.

21 Ao serem batidos na base, os pães devem soar ocos. Deixe esfriar em uma grade.

Variações de Pão clássico

Pão branco

Dominar a receita do clássico pão branco deve ser um rito de passagem para quem se dispõe a fazer pão em casa. Nada supera o sabor de um filão crocante recém-saído do forno.

1 UNID | 20 MIN | 40-45 MIN | ATÉ 4 SEM

Tempo de crescimento e descanso
2-3h

Utensílios
2 assadeiras antiaderentes

Ingredientes
500 g de farinha de trigo, mais um pouco para polvilhar
1 colher (chá) de sal
2 colheres (chá) de fermento biológico seco
1 colher (sopa) de óleo de girassol, mais um pouco para untar

Preparo

1 Coloque a farinha e o sal em uma tigela. Em outro recipiente, dissolva o fermento em 300 ml de água morna e junte o óleo. Faça uma cova na farinha e despeje o líquido, mexendo para formar a massa. Amasse bem.

2 Ponha a massa sobre uma superfície enfarinhada. Sove por 10 minutos até ficar uniforme, brilhante e elástica. Coloque em uma tigela untada com óleo, cubra com o filme de PVC e deixe descansar por 2 horas ou até dobrar de tamanho.

3 Coloque a massa sobre uma superfície enfarinhada e sove até que volte ao tamanho original. Molde a massa na forma desejada (prefira um formato oblongo). Ponha a massa na assadeira, cubra com filme de PVC e um pano de prato e deixe descansar até dobrar de tamanho novamente, o que leva de 30 minutos a 1 hora. Estará pronta para assar quando, pressionada com o dedo, formar uma depressão que logo desaparece.

4 Preaqueça o forno a 220°C. Faça dois ou três cortes na diagonal para que o pão se expanda ao assar. Polvilhe farinha sobre a massa e coloque a assadeira com o pão na grade do meio do forno. Coloque a outra assadeira na parte inferior do forno e acrescente água fervente para criar vapor, o que ajudará o pão a crescer.

5 Asse por 10 minutos, reduza a temperatura para 190°C e asse por mais 30-35 minutos, até a crosta dourar e a parte de baixo soar oca ao bater. Reduza para 180°C, se começar a dourar muito rápido. Retire o pão do forno e deixe esfriar em uma grade.

GUARDE É melhor consumi-lo no mesmo dia, mas pode ser armazenado em recipiente hermético por até 1 noite, embrulhado em papel.

DICA DA AUTORA

Resista à tentação de provar o pão logo que sair do forno e espere esfriar por pelo menos 30 minutos antes de cortá-lo. Esse cuidado permite obter um sabor e uma textura ainda melhores depois de frio.

Pão de nozes e alecrim

Uma combinação perfeita, realçada pela maravilhosa textura das nozes.

2 UNID | 20 MIN | 30-40 MIN | ATÉ 12 SEM

Tempo de descanso
2h

Utensílios
1 assadeira antiaderente
1 pincel

Ingredientes
3 colheres (chá) de fermento biológico seco
1 colher (chá) de açúcar cristal
450 g de farinha de trigo, mais um pouco para polvilhar
1 colher (chá) de sal
3 colheres (sopa) de azeite, mais 2 colheres (chá) para untar e pincelar
175 g de nozes grosseiramente picadas
3 colheres (sopa) de alecrim picado

Preparo

1 Misture o fermento e o açúcar em 100 ml de água morna. Deixe agir por 10-15 minutos ou até a mistura ficar cremosa.

2 Em outra tigela, coloque a farinha, uma pitada de sal e o azeite. Despeje a mistura de fermento e 200 ml de água morna. Misture até formar a massa. Sove em superfície enfarinhada por 15 minutos, incorporando as nozes e o alecrim. Ponha a massa em uma tigela untada e cubra com um pano. Deixe por 1h30 ou até dobrar de tamanho.

3 Pressione a massa para eliminar o ar e sove por mais alguns minutos. Corte ao meio e molde duas broas de 15 cm de diâmetro. Cubra com um pano e deixe crescer por 30 minutos. Preaqueça o forno a 230°C e unte uma assadeira.

4 Quando a massa dobrar de tamanho, pincele com azeite e coloque-a na assadeira. Asse por 30-40 minutos, até a base do pão soar oca ao ser batida. Deixe esfriar.

GUARDE Envolto em papel, o pão pode ser armazenado por até 1 dia.

Pão de batata

Feito com purê, tem crosta macia e miolo úmido. A massa deve ser coberta com manteiga e assada em fôrma com furo no meio.

1 UNID | 50-55 MIN | 40-45 MIN | ATÉ 8 SEM

Tempo de crescimento e descanso
1h30-2h15

Utensílios
1 espremedor de batatas
1 fôrma com furo no meio de 1,75 litro ou 1 fôrma redonda de 25 cm e 1 ramequim de 250 ml

Ingredientes
250 g de batata descascada e cortada em 2-3 pedaços
2½ colheres (chá) de fermento biológico seco
125 g de manteiga sem sal, mais um pouco para untar
1 maço de cebolinha picada
2 colheres (sopa) de açúcar
2 colheres (chá) de sal
425 g de farinha de trigo, mais um pouco para polvilhar

Preparo

1 Cozinhe as batatas em uma panela com bastante água até ficarem macias. Escorra e reserve 250 ml do líquido. Amasse-as usando um espremedor de batatas. Deixe esfriar.

2 Em uma tigela, dissolva o fermento em 4 colheres (sopa) de água morna. Deixe por 5 minutos, mexendo uma vez. Derreta metade da manteiga em uma panela e reserve. Em uma tigela, coloque o líquido reservado do cozimento das batatas, a batata amassada, o fermento dissolvido, a manteiga derretida, a cebolinha, o açúcar e o sal. Misture bem.

3 Adicione metade da farinha e mexa bem. Aos poucos, junte o restante da farinha, mexendo bem após cada adição, até soltar das laterais da tigela. A massa deve ficar macia e um pouco grudenta. Sove em superfície enfarinhada por 5-7 minutos até ficar uniforme e elástica.

4 Unte uma tigela grande e coloque a massa dentro, girando-a para ficar untada. Cubra com um pano úmido e deixe crescer por 1-1h30 até dobrar de tamanho.

5 Unte a fôrma. Se usar uma redonda, unte a parte externa do ramequim e coloque-o, virado para baixo, no centro dela. Derreta o restante da manteiga. Sove a massa em superfície enfarinhada e deixe descansar por mais 5 minutos. Com as mãos enfarinhadas, tire trinta pedaços de massa do tamanho de uma noz, enrolando cada um no formato de uma bola.

6 Passe as bolas de massa em um prato com manteiga derretida. Transfira-as para a fôrma. Cubra com um pano seco e deixe o pão crescer por 40 minutos até a fôrma ficar preenchida.

7 Preaqueça o forno a 190°C. Asse por 40-45 minutos até a massa dourar e começar a se soltar da fôrma. Deixe esfriar um pouco em uma grade, desenforme e separe os pães ainda mornos.

GUARDE Esse pão é delicioso recém-saído do forno, mas pode ser embrulhado em papel e armazenado por até 2-3 dias.

PREPARE ANTES A massa pode ser preparada e deixada para crescer durante a noite na geladeira. Modele-a, deixe em temperatura ambiente e asse como indicado.

DICA DA AUTORA

Essa é uma receita clássica italiana e norte-americana conhecida como monkey bread (pão do macaco). Servido no centro da mesa de jantar, é ideal para famílias grandes.

Pãozinho enrolado

Esses pães podem ser moldados em vários formatos. Ficam muito bonitos servidos em uma cesta.

16 UNID | 45-55 MIN | 15-18 MIN | 8 SEM, S/ ASSAR

Tempo de crescimento e descanso
1h30-2h

Utensílios
2 assadeiras antiaderentes
1 pincel

Ingredientes
150 ml de leite
60 g de manteiga sem sal cortada em pedaços grandes, mais um pouco para untar
2 colheres (sopa) de açúcar
3 colheres (chá) de fermento biológico seco
2 ovos, mais 1 gema para pincelar
2 colheres (chá) de sal
550 g de farinha de trigo, mais um pouco para polvilhar
sementes de papoula ou linhaça, para decorar (opcional)

1 Ferva o leite. Reserve 4 colheres (sopa) em uma tigela para dissolver o fermento.

2 Derreta a manteiga e o açúcar no leite. Deixe amornar.

3 Dissolva o fermento no leite reservado morno. Deixe 5 minutos. Mexa uma vez.

4 Em uma tigela grande, bata os ovos. Adicione o leite, o sal e o fermento dissolvido.

5 Aos poucos, misture a farinha até obter uma bola de massa macia e um pouco grudenta.

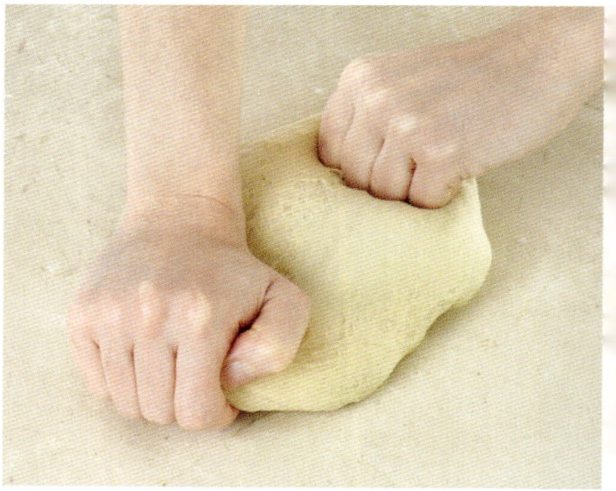

6 Sove a massa em superfície enfarinhada por 5-7 minutos até ficar uniforme e elástica.

7 Coloque em uma tigela untada com óleo. Cubra e deixe por 1-1h30 até dobrar.

8 Unte 2 assadeiras. Sove a massa em uma superfície enfarinhada.

9 Corte ao meio e faça dois rolos. Corte cada um em oito partes iguais.

10 Broa: enrole cada pedaço de massa com movimentos circulares até obter uma bola.

11 Nó de padeiro: faça um cordão, molde-o em formato de 8 e una as pontas.

12 Caracol: forme uma espiral a partir de um cordão, escondendo a ponta embaixo dela.

13 Coloque na assadeira e cubra com um pano. Deixe descansar por 30 minutos.

14 Preaqueça o forno a 220°C. Bata a gema com 1 colher (sopa) de água.

15 Pincele os pães com a gema e, se quiser, espalhe as sementes para decorar.

16 Asse por 15-18 minutos até dourarem. Sirva mornos. **PREPARE ANTES** Os pãezinhos podem ser congelados depois de moldados. Descongele e pincele com a gema antes de assar.

Variações de Pãozinho enrolado

Pãozinho de cranberry e pecãs com especiarias

Adocicado e aromático, é adaptado de uma receita básica de pão branco. Experimente criar suas próprias combinações de frutas secas, nozes, sementes e especiarias.

8 UNID | 20 MIN | 20-25 MIN | ATÉ 4 SEM

Tempo de crescimento e descanso
2-3h

Utensílios
2 assadeiras antiaderentes
1 pincel

Ingredientes
500 g de farinha de trigo, mais um pouco para polvilhar
1 colher (chá) de sal
1 colher (chá) de mistura de especiarias (canela e cravo em pó)
2 colheres (sopa) de açúcar
2 colheres (chá) de fermento biológico seco
150 ml de leite integral
1 colher (sopa) de óleo de girassol, mais um pouco para untar
50 g de cranberry seca picada
50 g de pecãs picadas
1 ovo batido para pincelar

Preparo

1 Coloque a farinha, o sal, a canela, o cravo e o açúcar em uma tigela. À parte, dissolva o fermento em 150 ml de água morna e acrescente o leite e o óleo. Despeje o fermento na mistura de farinha, mexendo até formar a massa. Use as mãos para unir a massa.

2 Coloque a massa sobre uma superfície polvilhada com pouca farinha. Sove por 10 minutos até ficar uniforme, brilhante e elástica.

3 Estique a massa, espalhe as cranberries e as pecãs sobre a superfície e sove por 1-2 minutos até incorporar bem os ingredientes. Coloque a massa em uma tigela untada com óleo, cubra com filme de PVC e deixe descansar por 2 horas até dobrar de tamanho.

4 Sove a massa delicadamente em superfície enfarinhada e divida-a em oito partes, dando-lhes uma forma arredondada. Empurre para dentro da massa os pedaços de frutas e nozes que ficarem para fora, para que não queimem ao assar.

5 Coloque os pães na assadeira, cubra com filme de PVC e um pano e deixe descansar por até 1 hora até dobrarem de tamanho. Preaqueça o forno a 200°C. Faça um corte em cruz em cada um dos pães para que cresçam ao assar. Pincele com ovo batido e coloque na grade do meio do forno.

6 Asse por 20-25 minutos até dourarem e as bases soarem ocas ao bater. Retire os pães do forno e deixe-os esfriar sobre uma grade.

GUARDE São mais saborosos quando consumidos no mesmo dia, mas podem ser armazenados em recipiente hermético por até 1 noite, embrulhados em papel.

DICA DA AUTORA

Essa receita é ideal para o café da manhã. Experimente fazer uma quantidade dobrada de massa de pão branco (ver p. 20) e use metade para fazer esses pãezinhos. Por causa da cor das cranberries e do aroma quente das especiarias, são ótimos para servir na manhã de Natal.

Pãozinho de gergelim

Macio e fácil de fazer, é ideal para piqueniques, lanches ou para servir hambúrguer caseiro.

8 UNID | 30 MIN | 20 MIN

Tempo de crescimento e descanso
1h30

Utensílios
1 assadeira antiaderente
1 pincel

Ingredientes
450 g de farinha de trigo, mais um pouco para polvilhar
1 colher (chá) de sal
1 colher (chá) de fermento biológico seco
1 colher (sopa) de azeite, mais um pouco para untar
1 ovo batido
4 colheres (sopa) de gergelim

Preparo

1 Misture a farinha e o sal em uma tigela e faça uma cova. Dissolva o fermento em 360 ml de água morna e junte o azeite. Despeje na cova e misture rapidamente os ingredientes. Deixe descansar por 10 minutos.

2 Sove a massa em superfície enfarinhada por 5 minutos ou até uniformizar. Faça uma bola e coloque em uma tigela untada (a parte mais lisa para cima). Cubra com filme de PVC untado com óleo e deixe descansar por 1 hora ou até dobrar de tamanho.

3 Polvilhe farinha na assadeira. Coloque a massa sobre uma superfície enfarinhada, polvilhe mais farinha e sove um pouco. Divida em oito pedaços e faça bolas. Coloque-as na assadeira, deixando bastante espaço entre elas. Deixe por 30 minutos ou até ficarem grandes e fofas. Preaqueça o forno a 200°C.

4 Depois que crescerem, pincele com ovo e espalhe o gergelim. Asse por 20 minutos ou até que cresçam e dourem.

GUARDE Os pãezinhos podem ser armazenados por até 1 noite em recipiente hermético, embrulhados em papel.

Pãozinho integral com erva-doce

As sementes de erva-doce e os grãos de pimenta triturados tornam esses saborosos pães perfeitos para sanduíches de presunto defumado, linguiça ou carne de porco. Varie as ervas e especiarias e use kümmel e cominho.

6 UNID | 20 MIN | 25-35 MIN | ATÉ 12 SEM

Tempo de crescimento e descanso
2h

Utensílios
1 assadeira antiaderente
1 pincel

Ingredientes
2 colheres (chá) de fermento biológico seco
1 colher (chá) de açúcar demerara
450 g de farinha de trigo integral, mais um pouco para polvilhar
1½ colher (chá) de sal
2 colheres (chá) de sementes de erva-doce
1 colher (chá) de grãos de pimenta-do-reino triturados
azeite, para untar
1 colher (chá) de gergelim (opcional)

Preparo

1 Coloque o fermento e o açúcar em uma tigela e misture com 150 ml de água morna. Deixe descansar por 15 minutos até a mistura ficar cremosa e formar espuma.

2 Em outra tigela, misture a farinha e uma pitada de sal, despeje o fermento dissolvido e, aos poucos, adicione mais 150 ml de água morna. Misture até formar a massa (se ficar muito seca, adicione mais água). Sove em superfície enfarinhada por 10-15 minutos até ficar uniforme e elástica. Incorpore as sementes de erva-doce e a pimenta-do-reino triturada.

3 Coloque a massa em uma tigela untada com azeite. Cubra com um pano e deixe descansar por 1h30 até dobrar de tamanho.

4 Sove a massa por mais alguns minutos e divida em seis pedaços, dando-lhes uma forma arredondada. Coloque-os em uma assadeira untada, cubra e deixe descansar por cerca de 30 minutos. Preaqueça o forno a 200°C.

5 Pincele um pouco de água nos pães e, se usar, espalhe o gergelim. Asse por 25-35 minutos até dourarem e soarem ocos ao bater na base. Deixe esfriar na assadeira por alguns minutos e transfira para uma grade para que esfriem completamente.

GUARDE São mais saborosos quando consumidos no mesmo dia, mas podem ser armazenados em recipiente hermético por até 1 noite, embrulhados em papel.

Pão de parmesão

Esses pãezinhos crocantes por fora e macios por dentro são uma adaptação do clássico pão de queijo brasileiro.

16 UNID | 10 MIN | 30 MIN | 8 SEM, S/ ASSAR

Utensílios
processador de alimentos
1 assadeira antiaderente
1 pincel

Ingredientes
125 ml de leite
3-4 colheres (sopa) de óleo de girassol
1 colher (chá) de sal
250 g de tapioca, mais um pouco para polvilhar
2 ovos batidos, mais um pouco para pincelar
125 g de parmesão ralado na hora

Preparo

1 Coloque o leite, o óleo de girassol, 125 ml de água e o sal em uma panela e deixe ferver. Ponha a tapioca em outra tigela, despeje o líquido quente e misture. A textura deve ser bem grudenta. Deixe esfriar.

2 Preaqueça o forno a 190°C. Passe a mistura de tapioca no processador. Adicione os ovos e processe até obter uma massa espessa e uniforme. Junte o parmesão e processe novamente até a massa ficar grudenta e elástica.

3 Sove em superfície enfarinhada por 2-3 minutos até a massa ficar macia e maleável. Divida em dezesseis partes. Enrole cada pedaço do tamanho de uma bola de golfe e coloque em uma assadeira forrada com papel-manteiga, deixando bastante espaço entre eles.

4 Pincele as bolas de massa com ovo batido e asse na parte central do forno por 30 minutos. Retire do forno e deixe esfriar por alguns minutos antes de servir. É melhor consumi-los no mesmo dia, preferivelmente ainda mornos.

PREPARE ANTES Podem ser congelados na assadeira ao final do passo 3 e, depois, guardados em um saco. Basta descongelar por 30 minutos e assar.

DICA DA AUTORA

Esses pãezinhos de parmesão são feitos com tapioca, que é uma farinha de mandioca. Eles, portanto, não contêm trigo. O polvilho empelota quando o líquido é misturado, mas o processador ajuda nessa hora, deixando a massa uniforme.

EXPERIMENTE TAMBÉM

Pão de queijo clássico

Ingredientes
360 g de polvilho doce
60 g de polvilho azedo
½ colher (sopa) de sal
90 ml de óleo de girassol
320 ml de leite
3 ovos
450 g de queijo meia-cura ralado na hora

Preparo

Misture os polvilhos e o sal e reserve. Em uma panela pequena, aqueça o óleo e o leite até levantar fervura. Aos poucos, despeje o leite e o óleo sobre os ingredientes secos. Misture até esfriar um pouco. Junte os ovos e amasse por cerca de 10 minutos, até a massa ficar homogênea. Coloque o queijo meia-cura ralado e misture bem. Unte as mãos com um pouco de óleo, modele os pães de queijo e coloque-os em uma assadeira antiaderente. Preaqueça o forno por 2 minutos. Asse a 180°C por 30 minutos ou até dourarem.

Muffin inglês

Populares no século XVIII, esses pãezinhos ingleses para o chá cruzaram o Atlântico e se tornaram essenciais no café da manhã nos Estados Unidos.

10 UNID | 25-30 MIN | 13-16 MIN

Tempo de descanso
1h30

Utensílios
1 frigideira grande com tampa
1 pincel

Ingredientes
1 colher (chá) de fermento biológico seco
450 g de farinha de trigo, mais um pouco para polvilhar
1 colher (chá) de sal
25 g de manteiga sem sal derretida, mais um pouco para untar
óleo vegetal para untar
25 g de semolina

Preparo

1 Dissolva o fermento em 300 ml de água morna e deixe descansar por 5 minutos, mexendo uma vez. Coloque a farinha e o sal em uma tigela, faça uma cova e despeje o fermento e a manteiga derretida. Incorpore a farinha aos poucos, até obter uma massa macia e flexível.

2 Sove a massa em superfície enfarinhada por 5 minutos. Faça uma bola e coloque-a em uma tigela untada. Cubra com filme de PVC untado e deixe descansar por 1 hora ou até dobrar de tamanho.

3 Coloque um pano em uma bandeja e espalhe a maior parte da semolina. Vire a massa em uma superfície enfarinhada, sove um pouco e divida em dez bolas. Coloque-as no pano e pressione para achatá-las. Polvilhe o restante da semolina e cubra com outro pano de prato. Deixe crescer por mais 20-30 minutos.

4 Unte e aqueça uma frigideira grande com tampa para assar os muffins em várias levas. Tampe e mantenha em fogo baixo por 10-12 minutos, até estufarem e a parte de baixo tostar. Vire-os e deixe por mais 3-4 minutos, até o outro lado tostar também. Esfrie em uma grade. Os muffins são muito gostosos torrados e servidos com manteiga e geleia.

DICA DA AUTORA
Os muffins caseiros são muito mais gostosos que os comprados prontos e, por isso, vale a pena o esforço. Faça a massa de manhã para desfrutá-los fresquinhos na hora do chá. Uma alternativa é deixá-los crescer durante a noite para um café da manhã especial.

Pão de centeio

Crocante e aromático, leva uma combinação de farinhas de centeio e trigo que deixa a massa leve.

1 UNID | 35-40 MIN | 50-55 MIN | ATÉ 8 SEM

Tempo de crescimento e descanso
2h15-2h45

Utensílios
processador de alimentos
1 assadeira antiaderente
1 pincel

Ingredientes
2½ colher (chá) de fermento biológico seco dissolvido em 4 colheres (sopa) de água morna
1 colher (sopa) de melado
1 colher (sopa) de kümmel
2 colheres (chá) de sal
1 colher (sopa) de óleo vegetal, mais um pouco para untar
250 ml de cerveja lager
250 g de farinha de centeio
175 g de farinha de trigo, mais um pouco para polvilhar
fubá para polvilhar
1 clara batida para pincelar

1 Junte o fermento dissolvido, o melado, ⅔ do kümmel, o sal e o óleo.

2 Adicione a cerveja e a farinha de centeio e misture bem com as mãos.

3 Junte a farinha de trigo aos poucos até obter uma massa macia e grudenta.

4 Sove por 8-10 minutos até ficar uniforme e elástica. Deixe em uma tigela untada.

5 Cubra com um pano úmido. Deixe por 1h30-2h até dobrar de tamanho.

6 Polvilhe a assadeira com fubá. Sove a massa em superfície enfarinhada.

7 Cubra e deixe por 5 minutos. Dê forma oval com cerca de 25 cm de comprimento.

8 Role a massa, pressionando as extremidades e deixando-as afiladas.

9 Transfira para a assadeira. Cubra e deixe por 45 minutos, até dobrar de tamanho.

10 Preaqueça o forno a 190°C. Pincele a massa com o ovo.

11 Polvilhe as sementes de kümmel, pressionando-as sobre a massa.

12 Faça três cortes com 5 mm de profundidade na diagonal usando uma faca afiada.

13 Asse por 50-55 minutos até dourar. Estará pronto quando, ao bater na base do pão, soar oco. Deixe em uma grade para esfriar.
GUARDE Pode ser armazenado por até 2 dias, embrulhado em papel.

Variações de Pão de centeio

Pão de damasco e semente de abóbora

Acrescentar farinha de trigo comum proporciona uma textura mais leve.

8 UNID | 20 MIN | 30 MIN | ATÉ 4 SEM

Tempo de crescimento e descanso
Até 4h

Utensílios
1 assadeira antiaderente
1 pincel

Ingredientes
25 g de sementes de abóbora
2½ colher (chá) de fermento biológico seco
1 colher (sopa) de melado
1 colher (sopa) de óleo de girassol, mais um pouco para untar
250 g de farinha de centeio, mais um pouco para polvilhar
250 g de farinha de trigo, mais um pouco para polvilhar
1 colher (chá) de sal
50 g de damasco seco picado
1 ovo batido para pincelar

Preparo

1 Toste as sementes de abóbora na frigideira por 2-3 minutos, sem deixar queimar. Dissolva o fermento em 300 ml de água morna, junte o melado e o óleo e mexa bem. Coloque os dois tipos de farinha e o sal em uma tigela.

2 Despeje o fermento na mistura de farinha mexendo para formar a massa. Em uma superfície enfarinhada, sove-a por 10 minutos até ficar uniforme, brilhante e elástica.

3 Estique a massa até ficar fina, espalhe os damascos e as sementes de abóbora e sove por mais 1-2 minutos até incorporar os ingredientes. Coloque em uma tigela untada com óleo, cubra com filme de PVC e deixe descansar por 2 horas. Como a farinha de centeio tem menos glúten, essa massa não dobra de tamanho e cresce muito devagar.

4 Sove a massa um pouco e divida em oito pedaços, dando-lhes forma arredondada. Insira os pedaços de damasco e as sementes na parte interna dos pães para que não queimem ao assar.

5 Coloque os pães na assadeira, cubra com filme de PVC e um pano e deixe crescer por 2 horas. A massa estará pronta quando, ao ser pressionada, readquirir a forma rapidamente.

6 Preaqueça o forno a 190°C. Pincele a massa com ovo e asse na parte central do forno por 30 minutos até que os pães dourem e soem ocos ao bater na base. Retire-os do forno e deixe esfriar sobre uma grade.

GUARDE É melhor consumi-los no mesmo dia, mas podem ser armazenados por até 1 noite, bem embrulhados em papel.

EXPERIMENTE TAMBÉM

Pão de centeio com nozes Toste 75 g de nozes em uma panela por 3-4 minutos. Esfregue-as com um pano para remover o excesso de pele, pique e espalhe-as sobre a massa esticada, substituindo os damascos e as sementes de abóbora. Depois de crescer, molde a massa como uma grande bola, esticando os lados para a parte de baixo para deixá-la mais firme; essa técnica é denominada boule. Depois de deixar crescer pela segunda vez, asse por 45 minutos.

DICA DA AUTORA
Nessa receita foram utilizados damasco e semente de abóbora, mas, como alternativa, use cranberry, uva-passa ou mirtilo, e gergelim ou semente de linhaça.

Rosca recheada com pesto

Com leve sabor de centeio e aroma de pesto caseiro, esse pão é perfeito para servir em um almoço ou piquenique, pois basta separar com as mãos cada porção individual.

1 UNID | 35-40 MIN | 30-35 MIN

Tempo de crescimento e descanso
1h45-2h15

Utensílios
processador de alimentos
1 assadeira antiaderente
1 pincel

Ingredientes
2½ colheres (chá) de fermento biológico seco
125 g de farinha de centeio
300 g de farinha de trigo, mais um pouco para polvilhar
2 colheres (chá) de sal
3 colheres (sopa) de azeite extravirgem, mais um pouco para untar e pincelar
folhas de um maço grande de manjericão
3 dentes de alho descascados
30 g de pinhole picado grosseiramente
60 g de parmesão ralado na hora
pimenta-do-reino moída na hora

Preparo

1 Esquente 300 ml de água. Dissolva o fermento em 4 colheres (sopa) de água morna por 5 minutos, mexendo uma vez. Coloque as farinhas e o sal em outra tigela e faça uma cova. Junte o fermento dissolvido ao restante da água e despeje na cova. Misture bem até obter uma massa macia e grudenta.

2 Sove a massa em uma superfície enfarinhada por 5 minutos até ficar uniforme e elástica. Molde em forma de bola. Coloque em uma tigela untada, cubra com um pano úmido e deixe descansar por 1-1h30 até dobrar de volume.

3 Processe o manjericão e o alho. Aos poucos, adicione 3 colheres (sopa) de azeite, até uniformizar. Transfira o pesto para uma tigela e misture os pinholes, o parmesão e a pimenta-do-reino.

4 Unte uma assadeira com azeite. Coloque a massa em uma superfície enfarinhada e sove para tirar o ar. Cubra e deixe descansar por cerca de 5 minutos. Com um rolo, abra-a em um retângulo de 40 cm x 30 cm. Espalhe o pesto sobre a massa, deixando uma borda de 1 cm. A partir do lado maior, enrole o retângulo, formando um cilindro. Pressione a emenda da massa, mas não sele as laterais.

5 Coloque o cilindro com a emenda para baixo na assadeira. Curve a massa formando um anel, sobrepondo e selando as extremidades. Com uma faca afiada, faça cortes profundos por toda a superfície do anel, a cada 5 cm. Coloque as fatias um pouco separadas e vire-as para cima. Cubra com um pano seco e deixe descansar por 45 minutos, até dobrar de tamanho.

6 Preaqueça o forno a 220°C. Pincele o pão com azeite e asse por 10 minutos. Reduza a temperatura para 190°C e asse por 20-25 minutos até dourar. Deixe esfriar em uma grade. Sirva no mesmo dia.

Pão multigrãos

Uma combinação reforçada de aveia, fubá, farelo de trigo e farinha de trigo integral, com sementes de girassol para deixá-lo mais crocante.

2 UNID | 45-50 MIN | 40-45 MIN | ATÉ 8 SEM

Tempo de crescimento e descanso
2h30-3h

Utensílios
2 assadeiras antiaderentes
1 pincel

Ingredientes
75 g de sementes de girassol
425 ml de leitelho (ver p. 192)
2½ colher (chá) de fermento biológico seco
45 g de flocos de aveia
45 g de farelo de trigo
75 g de fubá, mais um pouco para polvilhar
45 g de açúcar mascavo
1 colher (sopa) de sal
250 g de farinha de trigo integral
250 g de farinha de trigo, mais um pouco para polvilhar
manteiga sem sal para untar
1 clara batida para pincelar

Preparo

1 Preaqueça o forno a 180°C. Espalhe as sementes em uma assadeira e toste-as no forno. Deixe esfriar e pique grosseiramente.

2 Esquente o leitelho em uma panela e reserve. Dissolva o fermento em 4 colheres (sopa) de água morna e deixe descansar por 2 minutos. Mexa um pouco e deixe descansar por 2-3 minutos.

3 Coloque as sementes de girassol, os flocos de aveia, o farelo de trigo, o fubá, o açúcar mascavo e o sal em uma tigela. Despeje o fermento dissolvido e leitelho e mexa bem. Acrescente a farinha integral e metade da outra farinha e misture bem.

4 Aos poucos, adicione a farinha restante, até que a massa desgrude das laterais. Ela deve ficar macia e um pouco grudenta. Sove-a em superfície enfarinhada por 8-10 minutos até ficar uniforme e elástica. Faça uma bola.

5 Coloque a massa em uma tigela grande untada com manteiga. Gire-a para que toda a superfície fique levemente amanteigada. Cubra com um pano úmido e deixe descansar por 1h30-2h, até dobrar de tamanho.

6 Polvilhe o fubá nas assadeiras. Coloque a massa em uma superfície levemente enfarinhada e pressione-a com a mão fechada. Cubra e deixe descansar por 5 minutos. Corte-a ao meio. Modele as duas partes em uma forma oval estreita. Cubra com um pano seco e deixe descansar por 1 hora ou até que dobrem de tamanho novamente.

7 Preaqueça o forno a 190°C. Pincele os pães com a clara e asse-os por 40-45 minutos, até que a base deles soe oca ao ser batida. Passe os pães para uma grade para esfriar.

GUARDE É melhor consumir no mesmo dia, mas o pão pode ser armazenado por até 2-3 dias, embrulhado em papel.

DICA DA AUTORA

O leitelho é importante para quem faz pão. Experimente usá-la em qualquer receita que leve apenas leite. Ele proporciona um sabor sutil e deixa a textura do pão mais leve e suave.

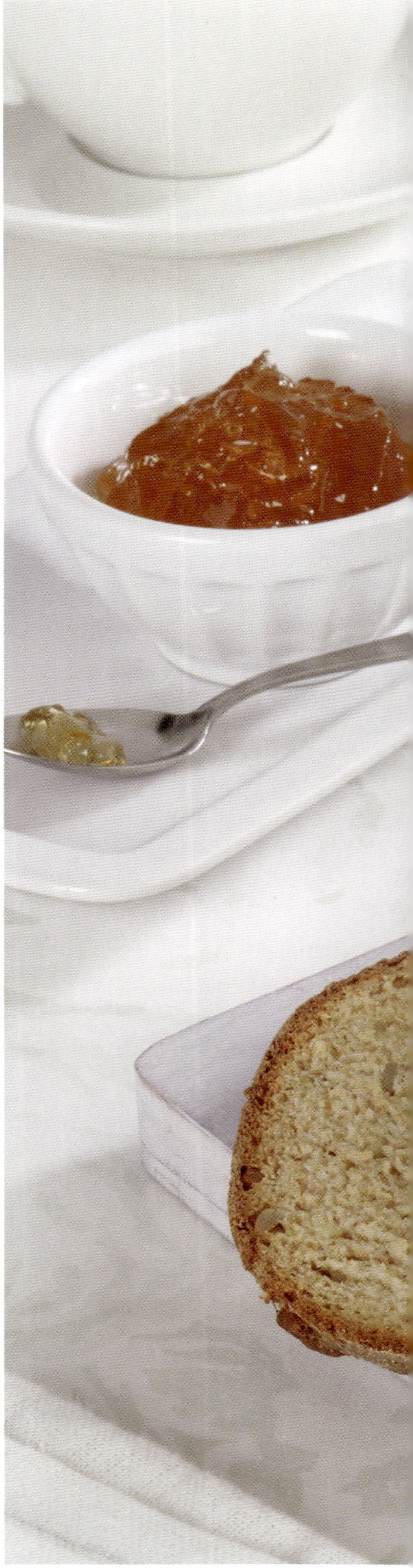

PÃO MULTIGRÃOS

Pão de milho anadama

Originário da Nova Inglaterra, costa leste dos Estados Unidos, esse pão escuro de milho surpreende por ser doce e salgado ao mesmo tempo.

1 UNID | 25 MIN | 45-50 MIN | ATÉ 8 SEM

Tempo de crescimento e descanso
4h

Utensílios
2 assadeiras antiaderentes
1 pincel

Ingredientes
125 ml de leite
75 g de fubá
50 g de manteiga sem sal em temperatura ambiente
100 g de melado
2 colheres (chá) de fermento biológico seco
450 g de farinha de trigo, mais um pouco para polvilhar
1 colher (chá) de sal
óleo vegetal para untar
1 ovo batido para pincelar

Preparo

1 Ferva o leite e 125 ml de água e junte o fubá de milho. Cozinhe por 2 minutos ou até engrossar e retire do fogo. Adicione a manteiga e misture bem. Junte o melado e deixe esfriar.

2 Dissolva o fermento em 100 ml de água morna e mexa bem. Coloque a farinha e o sal em uma tigela e faça uma cova. Aos poucos, junte a mistura de fubá e fermento para formar uma massa macia e grudenta.

3 Sove a massa em uma superfície enfarinhada por cerca de 10 minutos, até ficar macia e elástica. Continuará um pouco grudenta, mas não a ponto de pegar nas mãos. Se ficar muito úmida, sove-a com um pouco mais de farinha. Coloque a massa em uma tigela untada com óleo, cubra com filme de PVC e deixe crescer por até 2 horas. Não dobrará de tamanho, mas deverá ficar muito macia e flexível depois de crescer.

4 Coloque a massa em uma superfície enfarinhada e pressione com a mão fechada. Sove um pouco e dê-lhe uma forma oval achatada, puxando as laterais para baixo da massa para que fique bem firme. Coloque em uma assadeira, cubra com filme de PVC e um pano. Deixe descansar por 2 horas. Estará pronta para assar quando, ao ser pressionada com um dedo, a depressão formada logo desaparecer.

5 Preaqueça o forno a 180°C. Pincele o pão com um pouco de ovo batido e faça 2-3 cortes na diagonal dele. Se preferir, polvilhe um pouco de farinha sobre a massa. Coloque a assadeira na grade no meio do forno. Em seguida, coloque a outra assadeira na parte de baixo, encha com água fervente e feche a porta do forno.

6 Asse por 45-50 minutos até que a crosta fique escura e a base do pão soe oca ao ser batida. Retire do forno e deixe esfriar em uma grade.

GUARDE O pão pode ser armazenado em recipiente hermético por até 5 dias, embrulhado em papel.

DICA DA AUTORA

Cortar a superfície da massa e manter o vapor no forno colaboram para o crescimento do pão. O vapor também ajuda a formar a crosta. O pão anadama fica ótimo com emmental e gruyère ou simplesmente com manteiga, um bom presunto e um pouco de mostarda.

Ciabatta

Muito simples de fazer, deve crescer bastante, ter uma crosta crocante e grandes bolsas de ar no miolo.

2 UNID | 30 MIN | 30 MIN | ATÉ 8 SEM

Tempo de crescimento e descanso
3h

Utensílios
2 assadeiras antiaderentes

Ingredientes
- 2 colheres (chá) de fermento biológico seco
- 2 colheres (sopa) de azeite, mais um pouco para untar
- 450 g de farinha de trigo, mais um pouco para polvilhar
- 1 colher (chá) de sal

1 Dissolva o fermento em 350 ml de água morna e depois junte o azeite.

2 Coloque a farinha e o sal em uma tigela, faça uma cova, despeje o fermento e amasse.

3 Sove a massa por 10 minutos até ficar uniforme, macia e um pouco escorregadia.

4 Coloque a massa em uma tigela untada com azeite e cubra com filme de PVC.

5 Deixe por 2 horas até dobrar de tamanho. Coloque sobre superfície enfarinhada.

6 Pressione a massa com os punhos e divida em duas partes iguais.

7 Sove mais um pouco e dê o tradicional formato de chinelo com 30 cm x 10 cm.

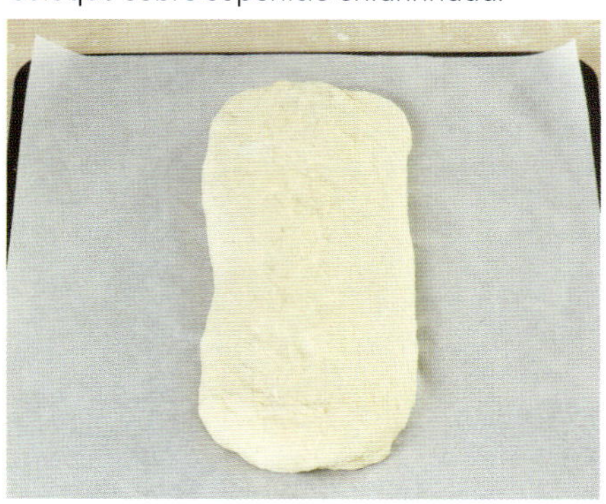

8 Coloque a massa em uma assadeira untada sobre uma folha de papel-manteiga.

9 Cubra com filme de PVC e um pano. Deixe por mais 1 hora até dobrar de tamanho.

10 Preaqueça o forno a 230°C. Borrife os pães com água.

11 Asse na parte central do forno por 30 minutos. Borrife com água a cada 10 minutos.

12 Estarão prontas quando dourarem e soarem ocas ao serem batidas.

13 Coloque as ciabattas em uma grade para esfriar por pelo menos 30 minutos antes de cortar.
GUARDE É melhor consumi-las no mesmo dia, mas podem ser armazenadas por até 1 noite, embrulhadas em papel.

Variações de Ciabatta

Ciabatta com azeitona verde e alecrim

Essa é uma excelente alternativa para a ciabatta clássica.

2 UNID | 40 MIN | 30 MIN | ATÉ 8 SEM

Tempo de crescimento e descanso
3h

Utensílios
2 assadeiras antiaderentes

Ingredientes
1 receita de Ciabatta (ver p. 40, passos 1-3)
100 g de azeitona verde picada e seca sobre papel-toalha
folhas picadas de 2 ramos de alecrim

Preparo

1 Sove a massa por 10 minutos, estique, espalhe as azeitonas e o alecrim e junte as bordas por cima para cobri-los. Sove até incorporar os ingredientes. Coloque em uma tigela untada, cubra com filme de PVC e deixe descansar por 2 horas, até dobrar de tamanho.

2 Sobre superfície enfarinhada, pressione a massa com os punhos e divida-a em dois. Sove um pouco mais e molde cada pedaço no tradicional formato de chinelo (30 cm x 10 cm). Coloque cada ciabatta em assadeira untada com bastante espaço para poder crescer. Cubra com filme de PVC e um pano. Deixe por 1 hora até dobrar de tamanho.

3 Preaqueça o forno a 230°C. Borrife água nas massas. Asse na parte central do forno por 30 minutos, borrifando a cada 10 minutos. As ciabattas estarão prontas quando dourarem e as bases soarem ocas ao serem batidas. Depois de assadas, deixe-as esfriar sobre uma grade por, pelo menos, 30 minutos antes de cortar.

GUARDE É melhor consumi-las no mesmo dia, mas podem ser armazenadas por até 1 noite, embrulhadas em papel.

Crostini de ciabatta

Fatias assadas servem para fazer crostini, que podem ser guardados por vários dias e são excelentes como canapés ou croûtons. ▶

25-30 UNID | 15 MIN | 10 MIN

Utensílios
3 assadeiras antiaderentes
1 pincel

Ingredientes
1 Ciabatta da véspera (ver p. 40)
azeite

Coberturas
100 g de pesto
100 g de pimentão vermelho grelhado cortado em fatias e misturado com manjericão picado
100 g de tapenade ou 100 g de queijo de cabra

Preparo

1 Preaqueça o forno a 220°C. Corte a ciabatta em fatias de 1 cm. Regue-as com azeite.

2 Asse as fatias na parte de cima do forno por 10 minutos, virando após 5 minutos. Retire do forno e deixe esfriar em uma grade.

3 Depois de esfriar, cubra as fatias com uma das três coberturas. Se usar tapenade ou queijo de cabra, aqueça antes de servir.

GUARDE As fatias podem ser armazenadas em recipiente hermético por até 3 dias. Coloque a cobertura na hora de servir.

Ciabatta de azeitona e pimentão

Use azeitona preta e pimentão vermelho para obter uma deliciosa ciabatta colorida.

2 UNID | 40 MIN | 30 MIN | ATÉ 8 SEM

Tempo de crescimento e descanso
3h

Utensílios
2 assadeiras antiaderentes

Ingredientes
1 receita de Ciabatta (ver receita p. 40, passos 1-3)
50 g de azeitona preta picada e seca sobre papel-toalha
50 g de pimentão vermelho picado e seco sobre papel-toalha

Preparo

1 Sove a massa por 10 minutos, estique, espalhe as azeitonas e os pimentões e junte os lados por cima para cobri-los. Sove até incorporar bem. Coloque em uma tigela untada, cubra com filme de PVC e deixe por 2 horas, até dobrar de tamanho.

2 Sobre superfície enfarinhada, pressione a massa com os punhos e divida-a ao meio. Sove um pouco mais e modele no tradicional formato de chinelo (30 cm x 10 cm). Coloque nas assadeiras untadas. Cubra com filme de PVC e um pano. Deixe por 1 hora, até dobrar de tamanho.

3 Preaqueça o forno a 230°C. Borrife água nas massas. Asse na parte central do forno por 30 minutos, borrifando água a cada 10 minutos. Estarão prontas quando dourarem e soarem ocas ao serem batidas. Coloque-as em uma grade para esfriar. Espere 30 minutos antes de cortar.

GUARDE Podem ser armazenadas por até 1 noite, embrulhadas em papel.

DICA DA AUTORA

A massa da ciabatta deve estar úmida e solta na hora de sovar porque isso ajuda a criar as bolsas de ar características do miolo. É mais fácil sovar massas úmidas na batedeira com batedores próprios para pão, pois elas são difíceis de manusear.

Focaccia de alecrim

Pode ficar na geladeira para crescer durante a noite, mas deixe voltar para a temperatura ambiente antes de assar.

6-8 PORÇÕES | 30-35 MIN | 15-20 MIN

Tempo de crescimento e descanso
1h30-2h15

Utensílios

1 fôrma de 38 cm x 23 cm
1 pincel

Ingredientes

1 colher (sopa) de fermento biológico seco
425 g de farinha de trigo, mais um pouco para polvilhar
2 colheres (chá) de sal
folhas de 5-7 ramos de alecrim, sendo 2/3 bem picados
90 ml de azeite, mais um pouco para untar
1/4 de colher (chá) de pimenta-do--reino moída na hora
sal grosso

1 Dissolva o fermento em 4 colheres (sopa) de água morna, deixe 5 minutos e mexa uma vez.

2 Misture a farinha e o sal em uma tigela grande e faça uma cova no meio.

3 Junte o alecrim, o azeite, o fermento, a pimenta e 240 ml de água morna.

4 Aos poucos, misture os ingredientes até obter uma massa uniforme.

5 A massa deve ficar macia e grudenta. Resista à tentação de acrescentar farinha.

6 Polvilhe farinha na massa e sove por 5-7 minutos em superfície enfarinhada.

7 A massa deve ficar uniforme e elástica. Coloque-a em uma tigela untada com óleo.

8 Cubra com um pano úmido e deixe por 1-1h30, até dobrar de tamanho.

9 Em superfície enfarinhada, pressione a massa para tirar o ar.

10 Cubra com pano seco e deixe descansar por 5 minutos. Pincele a fôrma com azeite.

11 Coloque a massa na fôrma. Espalhe-a para distribuí-la de modo uniforme.

12 Cubra com o pano e deixe descansar por 35-45 minutos até estufar.

13 Preaqueça o forno a 200°C. Espalhe o alecrim reservado sobre a massa.

14 Pressione a massa com a ponta do dedo para fazer covinhas.

15 Coloque o azeite restante sobre a massa e espalhe o sal grosso.

16 Asse na grade superior do forno por 15-20 minutos até dourar. Transfira para uma grelha.
EXPERIMENTE TAMBÉM Troque o alecrim e a pimenta (passo 3) por 3-5 folhas de sálvia picadas.

Variações de Focaccia

Focaccia de amora

Essa variação é perfeita para um piquenique de verão.

6-8 PORÇÕES | 30-35 MIN | 15-20 MIN

Tempo de crescimento e descanso
1h30-2h15

Utensílios
1 fôrma de 38 cm x 23 cm
1 pincel

Ingredientes
1 colher (sopa) de fermento biológico seco
425 g de farinha de trigo, mais um pouco para polvilhar
1 colher (chá) de sal
3 colheres (sopa) de açúcar
90 ml de azeite extravirgem, mais um pouco para untar
300 g de amora

Preparo

1 Dissolva o fermento em 4 colheres (sopa) de água morna e deixe descansar por 5 minutos, mexendo uma vez.

2 Em uma tigela, misture a farinha com o sal e 2 colheres (sopa) de açúcar. Faça uma cova e despeje o fermento dissolvido, 4 colheres (sopa) de azeite e 240 ml de água morna. Misture bem até formar a massa, que deve ficar macia e grudenta. Resista à tentação de adicionar mais farinha.

3 Com as mãos e a superfície de trabalho enfarinhadas, sove a massa por 5-7 minutos, até ficar uniforme e elástica. Transfira para uma tigela untada e cubra com um pano úmido. Deixe descansar por 1-1h30, até dobrar de tamanho.

4 Vire a massa e pressione-a para eliminar o ar. Cubra com um pano seco e deixe descansar por 5 minutos. Pincele a fôrma com azeite e distribua a massa. Espalhe as amoras sobre a massa, cubra e deixe descansar por 35-45 minutos.

5 Preaqueça o forno a 200°C. Pincele o restante do azeite na massa e polvilhe com o açúcar. Asse na parte superior do forno por 15-20 minutos, até dourar ligeiramente. Deixe esfriar um pouco em uma grade e sirva morna.

PREPARE ANTES Após sovar a massa ao final do passo 3, pode cobri-la com filme de PVC e deixá-la na geladeira durante a noite para crescer.

Fougasse

Fougasse é o equivalente francês da focaccia italiana e mais comum na região da Provença. O tradicional formato de folha é muito fácil de fazer e fica lindo à mesa.

3 UNID | 30-35 MIN | 15 MIN

Tempo de crescimento e descanso
6h

Utensílios
3 assadeiras antiaderentes

Ingredientes
5 colheres (sopa) de azeite extravirgem, mais um pouco para untar
1 cebola picada
2 tiras de bacon picadas
1½ colher (chá) de fermento biológico seco
400 g de farinha de trigo, mais um pouco para polvilhar
1 colher (chá) de sal
sal grosso

Preparo

1 Esquente 1 colher (sopa) de azeite em uma frigideira. Refogue a cebola e o bacon e reserve.

2 Dissolva o fermento em 150 ml de água morna, mexendo uma vez. Coloque 200 g de farinha em uma tigela, faça uma cova e despeje o fermento. Misture bem até formar a massa. Cubra e deixe descansar por cerca de 4 horas.

3 Junte o restante da farinha, 150 ml de água, o sal e o restante do azeite e misture bem. Sove em superfície enfarinhada até uniformizar. Coloque a massa novamente na tigela e deixe descansar por 1 hora, até que dobre de tamanho.

4 Forre 3 assadeiras com papel-manteiga. Estique a massa e espalhe a cebola e o bacon. Sove e divida em três bolas. Com o rolo, abra cada uma com 2,5 cm de altura, dando a forma de um círculo, e coloque nas assadeiras.

5 Para criar a forma de uma folha, faça dois cortes no meio e três, inclinados, de cada lado deles. Os cortes devem ser profundos, mas sem chegar até as bordas da massa. Pincele com azeite, espalhe o sal e deixe por 1 hora até dobrar de tamanho.

6 Preaqueça o forno a 230°C. Asse por 15 minutos, até dourar. Retire do forno e deixe esfriar antes de servir.

Bagel

Fácil de fazer, pode ser polvilhado com sementes de linhaça ou gergelim depois de pincelado com ovo.

8-10 UNID | 40 MIN | 20-25 MIN | 8 SEM, S/ ASSAR

Tempo de crescimento e descanso
1h30-3h

Utensílios
2 assadeiras antiaderentes
1 pincel

Ingredientes
600 g de farinha de trigo, mais um pouco para polvilhar
2 colheres (chá) de sal
2 colheres (chá) de açúcar
2 colheres (chá) de fermento biológico seco
1 colher (sopa) de óleo de girassol, mais um pouco para untar
1 ovo batido para pincelar

1 Junte a farinha, o sal e o açúcar. Dissolva o fermento em 300 ml de água morna.

2 Adicione o óleo e despeje o líquido na farinha, mexendo sempre para formar a massa.

3 Sove por 10 minutos até amaciá-la. Coloque a massa em uma tigela untada.

4 Cubra com filme de PVC e deixe descansar por 1-2 horas até dobrar de tamanho.

5 Pressione a massa para fazê-la voltar ao tamanho anterior e corte-a em 8-10 partes.

6 Enrole cada parte usando a palma da mão, formando um rolinho.

7 Continue enrolando em direção às pontas até chegar a 25 cm de comprimento.

8 Enrole a massa em volta dos dedos, deixando a emenda sobre a palma da mão.

9 Aperte um pouco para selar a emenda. O furo ainda deve ser grande nessa etapa.

10 Distribua em 2 assadeiras cobertas com papel-manteiga. Repita até terminar a massa.

11 Cubra com filme de PVC e um pano. Deixe descansar por 1 hora, até dobrar de tamanho.

12 Preaqueça o forno a 220°C e ferva água em uma panela grande.

13 Escalde os bagels em água fervente por 1 minuto de cada lado.

14 Retire da água com uma escumadeira. Seque ligeiramente com um pano.

15 Coloque os bagels nas assadeiras e pincele com um pouco de ovo batido.

16 Asse por 20-25 minutos até dourarem. Deixe esfriarem antes de servir. **GUARDE** É melhor consumi-los no mesmo dia, mas ainda ficam gostosos no dia seguinte, se tostados.

Variações de Bagel

Bagel com canela e uva-passa

Esses bagels doces e perfumados são deliciosos recém-saídos do forno. As sobras podem ser usadas no preparo da Sobremesa de panetone (veja p. 168).

8-10 UNID | 40 MIN | 20-25 MIN | 8 SEM, S/ ASSAR

Tempo de crescimento e descanso
1h30-3h

Utensílios
2 assadeiras antiaderentes
1 pincel

Ingredientes
600 g de farinha de trigo, mais um pouco para polvilhar
2 colheres (chá) de sal
2 colheres (chá) de açúcar
2 colheres (chá) de canela em pó
2 colheres (chá) de fermento biológico seco
1 colher (sopa) de óleo de girassol, mais um pouco para untar
50 g de uva-passa
1 ovo batido para pincelar

Preparo

1 Coloque a farinha, o sal, o açúcar e a canela em uma tigela. Dissolva o fermento em 300 ml de água morna. Junte o óleo e, aos poucos, despeje o líquido na mistura de farinha, mexendo sempre até formar a massa. Em superfície enfarinhada, sove até ficar uniforme, macia e flexível.

2 Estique a massa, espalhe as uvas-passas e amasse bem. Coloque em uma tigela untada, cubra com filme de PVC e deixe descansar por 1-2 horas, até dobrar de tamanho.

3 Sobre a superfície enfarinhada, pressione a massa até que volte ao tamanho original e corte-a em 8-10 partes. Usando a palma das duas mãos, faça um cordão com cerca de 25 cm de comprimento com cada pedaço.

4 Passe o cordão em volta dos dedos, deixando a emenda sobre a palma. Pressione para selar a emenda. O furo deve ficar grande. Transfira os bagels para as assadeiras forradas com papel--manteiga e cubra com filme de PVC e um pano. Deixe descansar por 1 hora até dobrar de tamanho.

5 Preaqueça o forno a 220°C e ferva água em uma panela grande. Escalde os bagels por 1 minuto de cada lado e retire-os com uma escumadeira. Seque-os em um pano e coloque nas assadeiras. Pincele com um pouco de ovo batido. Asse por 20-25 minutos até dourarem. Deixe esfriar por 5 minutos em uma grade antes de servir.

GUARDE É melhor consumi-los no mesmo dia, mas podem ser tostados no dia seguinte.

Minibagel

É ótimo para festas. Sirva cortado ao meio, coberto com cream cheese e uma tira de salmão defumado temperado com limão-siciliano e pimenta-do-reino. ▶

16-20 UNID | 45 MIN | 15-20 MIN | 8 SEM, S/ ASSAR

Tempo de crescimento e descanso
1h30-3h

Utensílios
2 assadeiras antiaderentes
1 pincel

Ingredientes
1 receita de Bagel (ver p. 50, passos 1-4)

Preparo

1 Em uma superfície enfarinhada, pressione a massa já crescida com a mão para tirar o ar. Divida em 16-20 partes, conforme o tamanho desejado para os minibagels. Use a palma para formar um cordão com cerca de 15 cm de comprimento com cada pedaço de massa.

2 Envolva o cordão ao redor de três dedos da mão, juntando as pontas sobre a palma. Pressione a emenda para selar. O furo deve ser grande. Coloque os bagels nas assadeiras forradas com papel-manteiga e cubra com filme de PVC e um pano. Deixe descansar por 30 minutos.

3 Preaqueça o forno a 220°C e coloque uma panela de água para ferver. Escalde os bagels em levas de 6-8 de cada vez, por 30 segundos de cada lado. Seque-os em um pano, pincele com ovo e asse por 15-20 minutos até dourarem. Retire do forno e deixe esfriar por, pelo menos, 5 minutos em uma grade antes de servir.

GUARDE É melhor consumi-los no mesmo dia, mas também ficam gostosos se tostados no dia seguinte.

DICA DA AUTORA

O segredo para fazer autênticos bagels é escaldá-los antes de assar. Essa técnica garante a textura característica e o miolo macio desses pãezinhos.

Pretzel

Esses pães alemães são divertidos de fazer, e pincelar a massa em duas etapas dá um ótimo resultado.

16 UNID | 50 MIN | 20 MIN | ATÉ 8 SEM

Tempo de crescimento e descanso
1h30-2h30

Utensílios
assadeiras antiaderentes
1 pincel

Ingredientes
500 g de farinha de trigo, mais um pouco para polvilhar
1 colher (chá) de sal
2 colheres (sopa) de açúcar
2 colheres (chá) de fermento biológico seco
1 colher (sopa) de óleo de girassol, mais um pouco para untar

Cobertura
¼ de colher (chá) de bicarbonato de sódio
sal grosso ou 2 colheres (sopa) de gergelim
1 ovo batido para pincelar

1 Coloque a farinha, o sal e o açúcar em uma tigela.

2 Dissolva o fermento em 300 ml de água morna. Mexa, espere 5 minutos e junte o óleo.

3 Acrescente o líquido à farinha aos poucos e misture até formar a massa.

4 Sove por 10 minutos até ficar uniforme e flexível. Coloque em uma tigela untada.

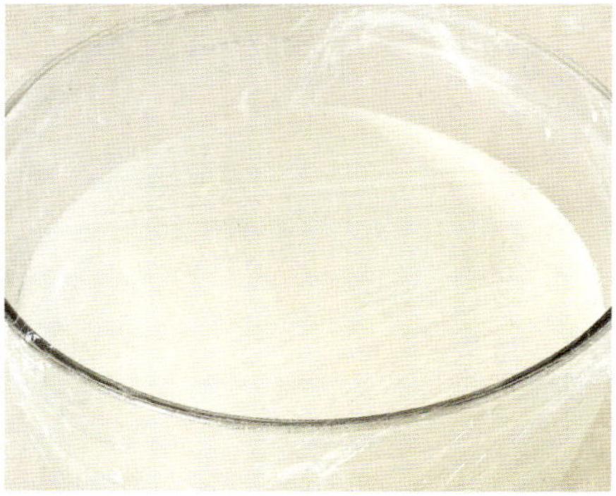

5 Cubra com filme de PVC e deixe descansar por 1-2 horas até dobrar de tamanho.

6 Sobre superfície enfarinhada, pressione a massa com o punho.

7 Corte a massa em dezesseis pedaços iguais com uma faca afiada.

8 Usando a palma das mãos, faça um rolo com cada pedaço.

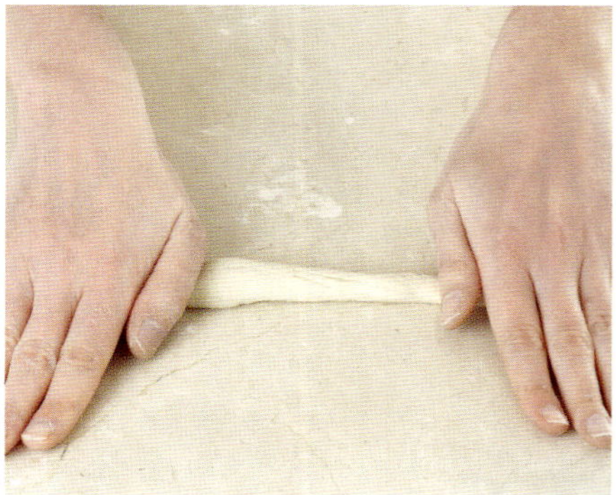

9 Continue rolando com as palmas até formar cordões com 45 cm de comprimento.

10 Se for difícil esticar, segure o cordão pelas pontas e balance, como ao pular corda.

11 Pegue as pontas da massa e cruze-as, fazendo um coração.

12 Em seguida, torça as pontas, uma ao redor da outra.

13 Prenda as extremidades no pretzel. Nessa etapa, a massa estará bastante solta.

14 Faça os restantes. Coloque-os nas assadeiras forradas com papel-manteiga.

15 Cubra com filme de PVC e um pano e deixe descansar por 30 minutos.

16 Preaqueça o forno a 220°C. Em 2 colheres (sopa) de água fervente, misture o bicarbonato.

17 Pincele os pretzels com a mistura, que dará cor dourada e casca um pouco puxa-puxa.

18 Espalhe sal grosso ou gergelim sobre a superfície pincelada. Asse por 15 minutos.

19 Retire do forno e pincele com ovo. Asse por mais 5 minutos.

20 Retire do forno. Os pretzels devem dourar bem e ficar brilhantes.

21 Coloque-os em uma grade e deixe esfriar por pelo menos 5 minutos antes de servir.

Variações de Pretzel

Pretzel de canela

Deliciosa alternativa doce para a receita básica. São muito mais gostosos recém-saídos do forno e, se sobrar algum, basta tostar ou reaquecer em temperatura média.

16 UNID | 50 MIN | 20 MIN | ATÉ 8 SEM

Tempo de crescimento e descanso
1h30-2h30

Utensílios
2 assadeiras antiaderentes
1 pincel

Ingredientes
Pretzel sem assar (ver pp. 54-5, passos 1-5)

Cobertura
¼ de colher (chá) de bicarbonato de sódio
1 ovo batido
25 g de manteiga sem sal derretida
50 g de açúcar
2 colheres (chá) de canela em pó

Preparo

1 Preaqueça o forno a 200°C. Dissolva o bicarbonato de sódio em 2 colheres (sopa) de água fervente e pincele os pretzels. Asse por 15 minutos. Retire do forno, pincele com ovo e asse por mais 5 minutos até ficarem brilhantes e dourarem.

2 Retire-os do forno e pincele com manteiga. Misture o açúcar e a canela em um prato e passe o lado com a manteiga na mistura. Deixe esfriar sobre uma grade por pelo menos 5 minutos antes de servir.

GUARDE Podem ser armazenados em recipiente hermético por até 1 noite.

DICA DA AUTORA

A cor e a textura características dos pretzels são obtidas pincelando bicarbonato de sódio dissolvido sobre a massa antes de levá-la ao forno. Sempre pincele-os duas vezes: primeiro com a solução e depois com o ovo batido. A técnica vai garantir que seus pretzels caseiros fiquem perfeitos.

Cachorro-quente de pretzel

Esses simpáticos enrolados são muito simples de preparar e deixam as crianças enlouquecidas nos piqueniques e festas de aniversário. ▶

8 UNID | 30 MIN | 15 MIN | ATÉ 8 SEM

Tempo de crescimento e descanso
1h30-2h30

Utensílios
2 assadeiras antiaderentes
1 pincel

Ingredientes
1 colher (chá) de fermento biológico seco
½ colher (sopa) de óleo de girassol, mais um pouco para untar
250 g de farinha de trigo, mais um pouco para polvilhar
½ colher (chá) de sal
1 colher (sopa) de açúcar
8 salsichas
mostarda (opcional)

Cobertura
1 colher (sopa) de bicarbonato de sódio
sal grosso

Preparo

1 Dissolva o fermento em 150 ml de água morna e mexa uma vez. Deixe descansar por 5 minutos e junte o óleo. Coloque a farinha, o sal e o açúcar em uma tigela.

2 Despeje o fermento dissolvido na farinha e misture bem até formar a massa. Sove por 10 minutos em superfície enfarinhada, até ficar uniforme, macia e flexível. Coloque a massa em uma tigela untada, cubra com filme de PVC e deixe descansar por 1-2 horas até quase dobrar de tamanho.

3 Sobre superfície enfarinhada, pressione a massa com o punho. Divida em oito pedaços e role cada um sob a palma das mãos, formando um cordão de cerca de 45 cm de comprimento. Se for difícil esticar, segure pelas pontas e balance, como ao pular corda.

4 Pincele as salsichas com um pouco de mostarda (se usar). Enrole a massa ao redor da salsicha, começando por cima, em um movimento em espiral, deixando apenas as extremidades visíveis. Aperte a massa nas duas pontas.

5 Coloque nas assadeiras forradas com papel-manteiga, cubra com filme de PVC untado e um pano e deixe descansar por cerca de 30 minutos até a massa crescer bastante. Preaqueça o forno a 200°C.

6 Dissolva o bicarbonato com 1 litro de água fervente em uma panela. Escalde os pretzels, em levas de três, por 1 minuto. Retire com escumadeira, seque em um pano e coloque nas assadeiras.

7 Espalhe o sal grosso e asse por 15 minutos até ficarem brilhantes e dourarem. Retire do forno e deixe esfriar sobre uma grade por 5 minutos antes de servir.

GUARDE É melhor servi-los recém-saídos do forno, mas podem ser armazenados em recipiente hermético na geladeira por até 1 noite.

pães artesanais

Pão sourdough

O pré-preparo da massa leva vários dias. A utilização do fermento biológico seco é o atalho mais confiável.

2 UNID | 45-50 MIN | 40-45 MIN | ATÉ 8 SEM

Tempo de fermentação
4-6 dias

Tempo de crescimento e descanso
2-2h30

Utensílios
3 assadeiras antiaderentes

Ingredientes

Etapa 1: ativação do fermento
1 colher (sopa) de fermento biológico seco
250 g de farinha de trigo

Etapa 2: pós-ativação do fermento
250 g de farinha de trigo, mais um pouco para polvilhar

Etapa 3: pão
1½ colher (chá) de fermento biológico seco
375 g de farinha de trigo, mais um pouco para polvilhar
1 colher (sopa) de sal
óleo vegetal para untar
fubá para polvilhar

1 Etapa 1: 3-5 dias antes, dissolva o fermento em 500 ml de água morna.

2 Misture a farinha e cubra. Deixe fermentar em temperatura ambiente por 24 horas.

3 Verifique: o fermento ativado deve estar borbulhante e ter um odor azedo típico.

4 Mexa, cubra e deixe fermentar por 2-4 dias, mexendo todo dia. Use ou refrigere.

5 Etapa 2: misture 250 ml do fermento ativado e 250 ml de água morna em uma tigela.

6 Junte a farinha e misture bem. Polvilhe 3 colheres (sopa) de farinha.

7 Cubra com um pano úmido e deixe fermentar durante 1 noite.

8 Etapa 3: dissolva o fermento em 4 colheres (sopa) de água morna. Junte à outra mistura.

9 Junte a metade da farinha e o sal e misture bem para combinar todos os ingredientes.

10 Aos poucos, junte a farinha restante. Misture até formar uma bola macia e grudenta.

11 Sove por 8-10 minutos até ficar macia e elástica. Coloque em uma tigela untada.

12 Cubra com pano úmido e deixe descansar por 1-1h30 até dobrar de tamanho.

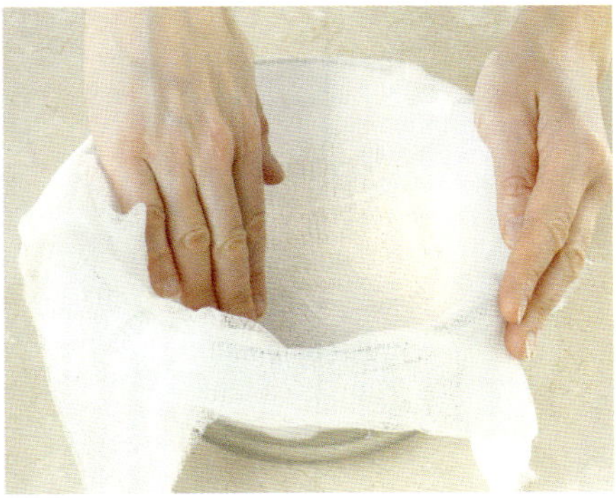

13 Forre duas tigelas de 20 cm com panos e polvilhe a farinha.

14 Pressione a massa, corte-a em dois e faça duas bolas. Coloque-as nas tigelas.

15 Cubra com o pano. Deixe crescer por 1 hora até encherem os recipientes.

16 Coloque uma assadeira na grade de baixo no forno, a 200°C. Polvilhe fubá nas outras.

17 Vire as massas nas assadeiras com as emendas para baixo e remova os panos.

18 Faça uma cruz no topo de cada massa com uma faca afiada.

19 Leve-as ao forno. Ponha gelo na assadeira que já estava lá. Asse por 20 minutos.

20 Reduza a temperatura para 190°C e asse por mais 20-25 minutos até dourarem.

21 Transfira para uma grade. **GUARDE** Envoltos em papel, conservam-se por até 3 dias.

PÃO SOURDOUGH

Variações de Pão sourdough

Pãozinho sourdough

Faça para levar em um piquenique.

12 UNID | 45-50 MIN | 25-30 MIN | 8 SEM

Tempo de fermentação
4-6 dias

Tempo de crescimento e descanso
2-2h30

Utensílios
3 assadeiras antiaderentes

Ingredientes
1 receita de Pão sourdough (ver pp. 62-3, passos 1-12)

Preparo

1 Polvilhe fubá em duas assadeiras. Pressione a massa para o ar sair e corte-a ao meio. Enrole cada metade em um cilindro de 5 cm de diâmetro e corte cada um em seis pedaços.

2 Sobre superfície enfarinhada, faça uma bola com um pedaço de massa. Repita com os demais pedaços. Deixe as bolas nas assadeiras. Cubra e deixe descansar por 30 minutos ou até dobrarem de tamanho.

3 Preaqueça o forno a 200°C. Polvilhe farinha de trigo nos pães e faça uma cruz em cada um. Coloque uma assadeira na parte de baixo do forno com cubos de gelo. Coloque as assadeiras com os pães na parte central e asse por 25-30 minutos até dourarem e soarem como ocos ao serem batidos na base.

GUARDE Podem ser armazenados por até 3 dias, embrulhados em papel.

PREPARE ANTES A massa pode ser congelada quando os pães estão moldados. Basta descongelar em temperatura ambiente, polvilhar a farinha e assar.

Pão sourdough com uva-passa e nozes

Esse pão tem um sabor marcante de uva-passa e nozes. Depois de aprender a incorporá-las à massa, experimente suas combinações favoritas.

2 UNID	45-50 MIN	40-45 MIN	ATÉ 8 SEM

Tempo de fermentação
4-6 dias

Tempo de crescimento e descanso
2-2h30

Utensílios
3 assadeiras antiaderentes

Ingredientes

Pré-preparo
p. 62, passos 1-7

Massa
2 colheres (chá) de fermento biológico seco
275 g de farinha de trigo, mais um pouco para polvilhar
100 g de farinha de centeio
1 colher (sopa) de sal
50 g de uva-passa
50 g de nozes picadas
óleo vegetal para untar
fubá para polvilhar

Preparo

1 Pré-preparo: siga os passos 1-7 da p. 62.

2 Massa: dissolva o fermento em 4 colheres (sopa) de água morna. Deixe por 5 minutos até borbulhar. Junte à mistura resultante do passo 7 (p. 62). Combine os dois tipos de farinha e o sal. Incorpore-os aos poucos à mistura de fermento. Forme uma bola de massa macia e um pouco grudenta.

3 Sove por 8-10 minutos em superfície enfarinhada até ficar uniforme e elástica. Modele um retângulo e espalhe as uvas-passas e as nozes. Sove de novo.

4 Coloque a massa em uma tigela untada, cubra com pano úmido e deixe descansar por 1-1h30 até dobrar de tamanho. Forre duas tigelas de 20 cm com panos e polvilhe farinha. Pressione a massa em superfície enfarinhada, corte-a ao meio e faça duas bolas. Coloque-as nas tigelas, cubra com um pano e deixe crescer por mais 1 hora, até que as massas encham as tigelas.

5 Preaqueça o forno a 200°C e coloque uma assadeira para esquentar. Polvilhe duas assadeiras com fubá e coloque as massas (lado mais liso para cima). Faça uma cruz em cada uma usando uma faca.

6 Coloque cubos de gelo na assadeira que aqueceu no forno. Asse os pães por 20 minutos. Reduza a temperatura para 190°C e asse por mais 20-25 minutos. Esfrie em uma grade.

GUARDE Os pães se conservam por até 3 dias, embrulhados em papel.

Pugliese

O azeite preserva e dá sabor a esse clássico pão rústico italiano. Não se preocupe se a massa parecer úmida inicialmente, pois quanto mais leve for, mais aerado ficará o miolo.

1 UNID	30 MIN	30-35 MIN	ATÉ 4 SEM

Tempo de fermentação
12h ou 1 noite

Tempo de crescimento e descanso
4h

Utensílio
1 assadeira antiaderente

Ingredientes

Pré-preparo
¼ de colher (chá) de fermento biológico seco
100 g de farinha de trigo
azeite para untar

Massa
½ colher (chá) de fermento biológico seco
1 colher (sopa) de azeite, mais um pouco para untar
300 g de farinha de trigo, mais um pouco para polvilhar
1 colher (chá) de sal

Preparo

1 Pré-preparo: dissolva o fermento em 100 ml de água morna, batendo bem. Junte à farinha e misture até incorporar. Coloque em uma tigela untada com azeite, cubra com filme de PVC e refrigere por 12 horas ou durante a noite.

2 Massa: dissolva o fermento em 140 ml de água morna e junte o azeite. Coloque a mistura resultante do pré-preparo, a farinha e o sal em uma tigela. Junte o fermento dissolvido. Misture até formar a massa. Sove por 10 minutos em superfície enfarinhada até ficar uniforme e elástica.

3 Coloque a massa em uma tigela untada com azeite, cubra com filme de PVC e deixe descansar por 2 horas até dobrar de tamanho. Pressione a massa com o punho, sove e modele no formato alongado ou como preferir.

4 Coloque a massa na assadeira, cubra-a com filme de PVC untado e um pano e deixe descansar por 2 horas até dobrar de tamanho. Estará pronta para assar quando crescer bem, estiver firme e, ao ser pressionada, não deformar. Preaqueça o forno a 220°C.

5 Faça um corte descentralizado no alto da massa. Polvilhe farinha, respingue água e coloque na assadeira, no meio do forno. Asse por 30-35 minutos. Para uma crosta mais crocante, borrife com água a cada 10 minutos. Retire do forno e deixe esfriar.

GUARDE O pão pode ser armazenado por até 3 dias, embrulhado em papel.

Baguete

Domine essa receita básica e faça baguetes, ficelles e bâtards sempre que quiser!

2 UNID | 30 MIN | 15-30 MIN | ATÉ 4 SEM

Tempo de fermentação
12h ou 1 noite

Tempo de crescimento e descanso
3h30

Utensílios
2 assadeiras antiaderentes

Ingredientes

Ativação do fermento
⅛ de colher (chá) de fermento biológico seco
75 g de farinha de trigo
1 colher (sopa) de farinha de centeio
óleo vegetal para untar

Massa
1 colher (chá) de fermento biológico seco
300 g de farinha de trigo, mais um pouco para polvilhar
½ colher (chá) de sal

1 Ativação do fermento: dissolva o fermento em 75 ml de água morna e junte às farinhas.

2 Faça uma massa grudenta e coloque em uma tigela untada com óleo.

3 Cubra com filme de PVC e deixe crescer na geladeira por, pelo menos, 12 horas.

4 Massa: dissolva o fermento em 150 ml de água morna, batendo bem.

5 Junte a mistura resultante do passo 3, a farinha, o sal e o fermento dissolvido.

6 Misture bem com uma colher de pau até formar uma massa macia.

7 Sove a massa por 10 minutos em superfície enfarinhada até ficar uniforme e elástica.

8 Coloque em uma tigela untada, cubra com filme de PVC e deixe por 2 horas.

9 Aperte a massa para o ar sair. Divida em 2-3 pedaços para fazer baguettes ou ficelles.

10 Sove um pouco e forme retângulos. Vire um dos lados menores para o meio.

11 Pressione com firmeza, dobre o outro lado menor para o meio e aperte de novo.

12 Modele um formato alongado. Aperte os lados para selar e vire a emenda para baixo.

13 Faça rolos longos e finos. A baguete tem 4 cm de diâmetro, e a ficelle, 2-3 cm.

BÂTARD Sove a massa brevemente, dando-lhe um formato retangular.

Dobre um dos lados em direção ao centro, pressione e repita com o outro lado.

Deixe a emenda para baixo e dê uma forma mais delgada nas extremidades.

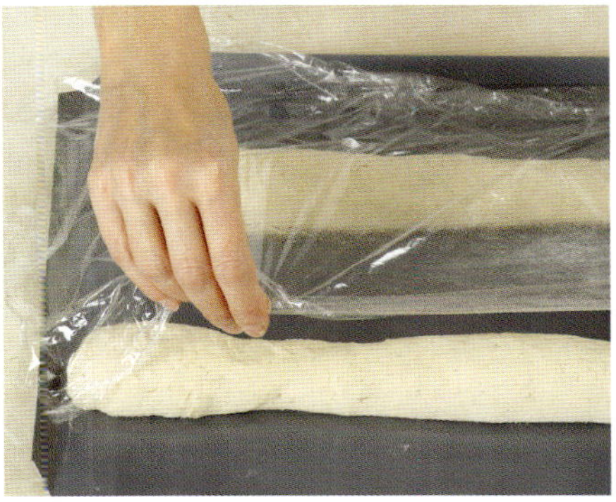

14 Coloque os rolos nas assadeiras e cubra com filme de PVC untado e um pano.

15 Deixe descansar por 1h30 até dobrarem de tamanho. Preaqueça o forno a 220°C.

16 Faça cortes diagonais profundos ao longo dos rolos, ou em cruz no bâtard.

17 Polvilhe com farinha, respingue água e coloque na grade do meio do forno.

18 Asse ficelles por 15 minutos, baguetes por 20 e o bâtard por 25-30. Esfrie sobre uma grade.

Variações de Baguete

Pain d'épi

Interessante variação da baguete que deve o nome à semelhança com espigas de trigo, *épi* em francês. Esse formato não é difícil de fazer, e o resultado é muito decorativo.

3 UNID | 40-45 MIN | 25-30 MIN

Tempo de crescimento e descanso
4-5h

Utensílios
3 assadeiras antiaderentes

Ingredientes
2½ colheres (chá) de fermento biológico seco
500 g de farinha de trigo, mais um pouco para polvilhar
2 colheres (chá) de sal
manteiga sem sal derretida para untar

Preparo

1 Dissolva o fermento em 4 colheres (sopa) de água morna. Deixe por 5 minutos, mexendo uma vez.

2 Junte a farinha e o sal. Faça uma cova e adicione o fermento dissolvido e 365 ml de água morna. Misture bem até obter uma massa macia e um pouco grudenta.

3 Em uma superfície enfarinhada, sove-a por 5-7 minutos até ficar uniforme e elástica. Coloque a massa em uma tigela untada com manteiga. Cubra com um pano úmido e deixe descansar por 2-2h30 até triplicar de tamanho.

4 Vire a massa sobre a superfície enfarinhada e pressione com o punho. Coloque a massa na tigela, cubra e deixe descansar por 1-1h30 até dobrar de tamanho.

5 Polvilhe farinha sobre um pano. Vire a massa em uma superfície enfarinhada e pressione com o punho. Corte a massa em três pedaços. Cubra dois e modele o terceiro. Com as mãos enfarinhadas, abra-o em um retângulo de 18 cm x 10 cm.

6 Enrole a massa, começando pelo lado mais longo do retângulo. Pressione as pontas para selar. Role até obter um cilindro com cerca de 35 cm de comprimento. Coloque a massa no pano polvilhado com farinha. Faça o mesmo com os outros dois pedaços, dobrando o pano entre eles.

7 Cubra com um pano seco e deixe descansar por cerca de 1 hora, até dobrar de tamanho. Preaqueça o forno a 220°C. Coloque uma assadeira na parte inferior do forno e polvilhe farinha nas outras duas. Coloque dois pedaços de massa em uma assadeira, deixando um espaço de 15 cm entre elas. Coloque a terceira parte da massa na outra assadeira.

8 Faça um corte em forma de "V" pela metade em uma das massas, 5-7 cm antes da ponta. Faça o mesmo corte do outro lado. Continue, alterando direita e esquerda, como se fossem "espigas de trigo". Coloque cubos de gelo na assadeira quente e asse os pães por 25-30 minutos até que soem ocos ao serem batidos na base. Deixe esfriar e sirva no mesmo dia.

Baguete com farinha integral

Experimente essa alternativa mais saudável, com maior teor de fibras.

2 UNID | 20 MIN | 20-25 MIN | ATÉ 4 SEM

Tempo de fermentação
12h ou 1 noite

Tempo de crescimento e descanso
3h30

Utensílios
2 assadeiras antiaderentes

Ingredientes

Ativação do fermento
ver p. 68, passos 1-3, substituindo a farinha de trigo por farinha integral

Massa
½ colher (chá) de fermento biológico seco
100 g de farinha de trigo integral
200 g de farinha de trigo, mais um pouco para polvilhar
½ colher (chá) de sal

Preparo

1 Massa: dissolva o fermento em 150 ml de água morna. Coloque o fermento previamente ativado, as farinhas e o sal em uma tigela. Aos poucos, junte o fermento dissolvido, mexendo até formar a massa.

2 Sove por 10 minutos em superfície enfarinhada até ficar uniforme e elástica. Coloque a massa em uma tigela untada, cubra com filme de PVC e deixe descansar por 1h30 até dobrar de volume.

3 Vire a massa em uma superfície enfarinhada, pressione com o punho e divida ao meio. Sove cada pedaço, moldando um retângulo. Dobre o lado maior em direção ao centro, pressionando a massa com a ponta dos dedos; repita com o lado mais curto. Dobre a massa ao meio para deixá-la com uma forma alongada, pressionando as extremidades para selá-las.

4 Vire a massa com a emenda para baixo; forme um rolo de 4 cm de diâmetro. Não deixe a massa ficar maior que a assadeira. Lembre-se de que ela ainda crescerá.

5 Coloque as baguetes nas assadeiras e cubra com filme de PVC e um pano. Deixe descansar por cerca de 2 horas até quase dobrarem de tamanho. A massa estará pronta para assar quando retomar a forma ao ser pressionada. Preaqueça o forno a 230°C.

6 Faça cortes na diagonal para permitir que o pão continue a crescer ao assar. Polvilhe um pouco de farinha sobre as baguetes e, se desejar, respingue água. Asse na parte central do forno por 20-25 minutos. Para uma crosta mais crocante, borrife a massa com água a cada 10 minutos. Retire o pão do forno e esfrie sobre uma grade.

GUARDE As baguetes podem ser armazenadas por até 1 noite, embrulhadas em papel.

Pão de centeio artesanal

Essa receita usa fermento ativado no pré-preparo da massa. O centeio é apreciado na Europa Central e Oriental.

1 UNID · 25 MIN · 40-50 MIN

Tempo de fermentação
1 noite

Tempo de crescimento e descanso
1h30

Utensílios
2 assadeiras antiaderentes
1 pincel

Ingredientes

Ativação do fermento
- 150 g de farinha de centeio
- 150 g de iogurte natural
- 1 colher (chá) de fermento biológico seco
- 1 colher (sopa) de melado
- 1 colher (chá) de sementes de kümmel trituradas

Massa
- 150 g de farinha de centeio
- 200 g de farinha de trigo, mais um pouco para polvilhar
- 2 colheres (chá) de sal
- 1 ovo batido para pincelar
- 1 colher (chá) de sementes de kümmel para decorar

1 Ativação do fermento: misture todos os ingredientes em 250 ml de água morna.

2 Cubra e deixe durante 1 noite. No dia seguinte, deve estar borbulhando.

3 Massa: misture as duas farinhas e o sal e despeje na mistura resultante do passo 2.

4 Misture até formar a massa. Se necessário, adicione mais água.

5 Sove em superfície enfarinhada por 5-10 minutos até ficar uniforme e elástica.

6 Forme uma bola, coloque em uma tigela untada com óleo e cubra com filme de PVC.

7 Deixe descansar por 1 hora ou até dobrar de tamanho.

8 Enfarinhe uma assadeira, sove a massa e modele em forma de bola de rúgbi.

9 Coloque sobre a assadeira, cubra e deixe crescer de novo por mais 30 minutos.

10 Preaqueça o forno a 220°C. Pincele a massa com ovo.

11 Espalhe imediatamente as sementes de kümmel. Elas devem grudar na superfície.

12 Faça três cortes paralelos. Asse por 20 minutos e reduza a temperatura para 200°C.

13 Asse por 20-30 minutos até dourar. Esfrie em uma grade. **GUARDE** Embrulhado, pode ser conservado por até 3 dias.
EXPERIMENTE TAMBÉM Sove a massa com 100 g de mix de sementes (abóbora, girassol, gergelim, linhaça e pinhole) ao final do passo 5.

Variações de Pão de centeio artesanal

Pão de centeio com avelã e uva-passa

O resultado aqui é um pão de sabor adocicado e textura crocante. Experimente outras combinações de nozes e frutas secas.

1 UNID | 25 MIN | 40-50 MIN | ATÉ 8 SEM

Tempo de fermentação, crescimento e descanso
1 noite, mais 1h30

Utensílios
1 assadeira antiaderente
1 pincel

Ingredientes

Ativação do fermento
150 g de farinha de centeio
150 g de iogurte natural
1 colher (chá) de fermento biológico seco
1 colher (sopa) de melado

Massa
150 g de farinha de centeio
200 g de farinha de trigo, mais um pouco para polvilhar
2 colheres (chá) de sal
50 g de avelã tostada e picada
50 g de uva-passa
óleo vegetal para untar
1 ovo batido para pincelar

Preparo

1 Ativação do fermento: misture todos os ingredientes em 250 ml de água morna. Cubra e deixe durante a noite. Deve amanhecer borbulhando.

2 Massa: misture as farinhas e o sal à mistura obtida no passo 1. Forme a massa. Se necessário, adicione mais água. Sove sobre superfície enfarinhada por 5-10 minutos até ficar uniforme e elástica.

3 Estique até formar um retângulo. Espalhe as avelãs e as uvas-passas. Incorpore-as dobrando e sovando a massa. Faça uma bola e coloque em uma tigela untada. Cubra com filme de PVC e deixe descansar por 1 hora até dobrar de tamanho.

4 Polvilhe farinha em uma assadeira. Sove um pouco e modele como uma bola de rúgbi. Coloque na assadeira, cubra com filme de PVC e deixe crescer por 30 minutos.

5 Preaqueça o forno a 220°C. Pincele com ovo e faça cortes paralelos no sentido do comprimento. Asse por 20 minutos. Baixe a temperatura para 200°C e asse por 20-30 minutos até dourar. Esfrie em uma grade.

DICA DA AUTORA

Denso e substancial, o pão de centeio é uma alternativa mais saudável ao pão de fôrma. Acrescentar sementes, nozes e frutas secas variadas deixa-o mais crocante e nutritivo e lhe proporciona outras texturas. Combina muito bem com queijo, carne seca ou picles.

Pumpernickel

O café e o cacau são ingredientes que surpreendem nessa receita.

1 UNID	20 MIN	30-40 MIN	ATÉ 8 SEM

Tempo de fermentação
12h ou 1 noite

Tempo de crescimento e descanso
4h30

Utensílio
1 fôrma para pão com capacidade para 1 litro

Ingredientes

Ativação do fermento

½ colher (chá) de fermento biológico seco
75 g de farinha de centeio
30 g de iogurte natural

Massa

½ colher (chá) de fermento biológico seco
1 colher (chá) de café solúvel
1 colher (sopa) de óleo de girassol, mais um pouco para untar
130 g de farinha de trigo integral, mais um pouco para polvilhar
30 g de farinha de centeio
½ colher (sopa) de cacau em pó
1 colher (chá) de sal
½ colher (chá) de sementes de kümmel trituradas

Preparo

1 Ativação do fermento: dissolva o fermento em 100 ml de água morna. Misture a farinha de centeio, o iogurte e o fermento dissolvido em uma tigela. Cubra com filme de PVC e deixe crescer por, no mínimo, 12 horas ou durante a noite.

2 Massa: dissolva o fermento em 3-4 colheres (chá) de água quente. Adicione o café e mexa até dissolver. Junte o óleo. Reserve. Misture o fermento ativado no passo 1, as farinhas, o cacau, o sal e o kümmel em uma tigela. Adicione o fermento com café dissolvidos.

3 Misture os ingredientes e, se necessário, amasse com as mãos para unir a massa. Sove-a por 10 minutos em superfície enfarinhada, até ficar uniforme e elástica.

4 Coloque a massa em uma tigela untada, cubra com filme de PVC e deixe descansar por 2 horas até dobrar de tamanho. Na superfície enfarinhada, pressione-a com o punho. Forme uma bola e coloque em uma tigela. Cubra e deixe por 1 hora.

5 Vire a massa na superfície enfarinhada e pressione de novo. Sove um pouco e dê-lhe uma forma alongada. Coloque a massa na fôrma untada e cubra com filme de PVC untado com óleo e com um pano. Deixe descansar por mais 1h30, até quase dobrar de tamanho. A massa estará pronta para assar quando tiver crescido, ficar firme e, ao ser pressionada com o dedo, retomar sua forma rapidamente. Preaqueça o forno a 200°C.

6 Asse no centro do forno por 30-40 minutos até o pão crescer e dourar bem a crosta. Deixe esfriar em uma grade.

GUARDE Embrulhado em papel, o pão conserva-se bem por até 3 dias.

Pão siciliano

Esse pão rústico de semolina originário da Sicília, Itália, fica ótimo tostado e é excelente para fazer bruschettas crocantes.

1 UNID | 20 MIN | 25-30 MIN | ATÉ 4 SEM

Tempo de fermentação
12h ou 1 noite

Tempo de crescimento e descanso
2h30

Utensílios
1 assadeira antiaderente
1 pincel

Ingredientes

Ativação do fermento
¼ colher (chá) de fermento biológico seco
100 g de semolina, mais um pouco para polvilhar
óleo vegetal para untar

Massa
1 colher (chá) de fermento biológico seco
400 g de semolina, mais um pouco para polvilhar
1 colher (chá) de sal
1 colher (sopa) de gergelim
1 ovo batido para pincelar

Preparo

1 Ativação do fermento: dissolva o fermento em 100 ml de água morna. Adicione à semolina e misture sem compactar demais. Coloque a massa em uma tigela ligeiramente untada, cubra com filme de PVC e resfrie por 12 horas ou durante 1 noite.

2 Massa: dissolva o fermento em 200 ml de água morna e reserve. Coloque o fermento ativado no passo 1, a semolina e o sal em uma tigela. Adicione o fermento dissolvido à mistura.

3 Misture os ingredientes até formar a massa. Sove por 10 minutos em superfície enfarinhada até ficar uniforme e elástica.

4 Coloque a massa em uma tigela untada, cubra com filme de PVC e deixe descansar por 1h30 até dobrar de tamanho.

5 Sobre uma superfície enfarinhada, pressione a massa com o punho. Sove um pouco e molde na forma desejada; tradicionalmente, a forma é arredondada (ver p. 34, Pão de centeio com nozes). Coloque sobre uma assadeira e cubra com filme de PVC untado e um pano. Deixe descansar por 1 hora até quase dobrar de tamanho. A massa estará pronta para assar quando tiver crescido, ficar firme e, ao ser pressionada, retomar sua forma rapidamente.

6 Preaqueça o forno a 200°C. Pincele a massa com ovo e espalhe o gergelim. Asse o pão na parte central do forno por 25-30 minutos até crescer bastante e dourar. Retire do forno e transfira para uma grade para esfriar por pelo menos 30 minutos antes de servir.

GUARDE Embrulhado em papel, conserva-se por até 2 dias.

DICA DA AUTORA

Esse pão pode ser feito com semolina fina ou grossa. O ingrediente é um subproduto do trigo que proporciona ao miolo uma textura deliciosamente rústica, similar à do fubá. Corte em fatias para acompanhar uma salada de tomate com azeite.

Schiacciata de uva

Pão doce italiano que lembra uma focaccia doce e pode ser servido ainda morno ou frio.

1 UNID | 25 MIN | 20-25 MIN

Tempo de crescimento e descanso
3h

Utensílio
1 fôrma de 20 cm x 30 cm

Ingredientes

Massa
700 g de farinha de trigo, mais um pouco para polvilhar
1 colher (chá) de sal
2 colheres (sopa) de açúcar
1½ colher (chá) de fermento biológico seco
1 colher (sopa) de azeite, mais um pouco para untar

Recheio
500 g de uva thompson (sem sementes) rosada
3 colheres (sopa) de açúcar
1 colher (sopa) de alecrim picado (opcional)

Preparo

1 Coloque a farinha, o sal e o açúcar em uma tigela. Dissolva o fermento em 450 ml de água morna e adicione o azeite.

2 Aos poucos, despeje o fermento dissolvido na mistura de farinha, mexendo sempre, até obter uma massa leve. Sove por 10 minutos em superfície enfarinhada, até ficar uniforme e elástica. A massa deve permanecer macia.

3 Coloque a massa em uma tigela untada e cubra com filme de PVC. Deixe descansar por 2 horas até dobrar de tamanho. Em uma superfície enfarinhada, pressione a massa com o punho. Sove um pouco e divida em duas porções (uma com ⅓ da massa e a outra com ⅔). Unte a fôrma com azeite.

4 Pegue o pedaço maior e abra a massa do tamanho da fôrma. Molde para ocupar toda a superfície dela. Espalhe ⅔ das uvas e polvilhe com 2 colheres (sopa) de açúcar.

5 Abra o pedaço de massa menor sobre as uvas. Espalhe as uvas restantes e, se usar, o alecrim picado. Coloque a massa na assadeira e cubra com filme de PVC untado e um pano. Deixe descansar por 1 hora até quase dobrar de tamanho. Preaqueça o forno a 200°C.

6 Espalhe o açúcar restante sobre a massa já crescida. Asse por 10-25 minutos até crescer bastante e dourar. Retire do forno e deixe esfriar por pelo menos 10 minutos antes de servir.

GUARDE É melhor consumir no mesmo dia, mas pode ser armazenado por até 1 noite, embrulhado em papel.

DICA DA AUTORA

Esse extraordinário pão plano italiano é tradicionalmente servido para celebrar a colheita das uvas na Toscana. A quantidade de açúcar pode ser adaptada conforme a preferência. É ótimo acompanhado de queijo e, claro, vinho tinto italiano.

pães planos e crocantes

Pizza quatro estações

Pode-se preparar o molho na véspera e deixar a massa crescer durante a noite. A montagem é muito fácil.

4 UNID | 40 MIN | 40 MIN

Tempo de descanso
1-1h30

Utensílios
4 assadeiras antiaderentes

Ingredientes

Massa
- 500 g de farinha de trigo, mais um pouco para polvilhar
- ½ colher (chá) de sal
- 3 colheres (chá) de fermento biológico seco
- 2 colheres (sopa) de azeite, mais um pouco para untar

Molho de tomate
- 25 g de manteiga sem sal
- 2 echalotas finamente picadas
- 1 colher (sopa) de azeite
- 1 folha de louro
- 3 dentes de alho amassados
- 1 kg de tomate maduro sem sementes e picado
- 2 colheres (sopa) de purê de tomate
- 1 colher (sopa) de açúcar
- sal e pimenta-do-reino moída na hora

Coberturas
- 175 g de muçarela de búfala ou comum finamente fatiada
- 115 g de champignon fatiado
- 2 colheres (sopa) de azeite extravirgem
- 2 pimentões vermelhos assados fatiados
- 8 filés de aliche cortados ao meio
- 115 g de pepperoni em rodelas finas
- 2 colheres (sopa) de alcaparra
- 16 metades de coração de alcachofra
- 12 azeitonas pretas

1 Massa: misture a farinha e o sal. Em 360 ml de água morna, dissolva o fermento.

2 Adicione o azeite ao fermento e misture aos ingredientes secos. Faça a massa.

3 Sove em superfície enfarinhada por 10 minutos ou até ficar uniforme e elástica.

4 Faça uma bola, coloque em tigela untada e cubra com filme de PVC untado.

5 Deixe descansar por 1-1h30 até dobrar de tamanho. Deixe na geladeira por 1 noite.

6 Molho: junte a manteiga, as echalotas, o azeite, o louro e o alho em uma panela.

7 Tampe e refogue em fogo baixo por 5-6 minutos, mexendo de vez em quando.

8 Junte os tomates, o purê de tomate e o açúcar. Refogue por 5 minutos.

9 Acrescente 250 ml de água, deixe ferver e abaixe o fogo.

10 Cozinhe por 30 minutos até reduzir. Tempere a gosto.

11 Passe o molho na peneira usando uma colher de pau. Cubra e deixe esfriar.

12 Preaqueça o forno a 200°C. Coloque a massa sobre uma superfície enfarinhada.

13 Sove, divida em quatro partes e abra cada uma em discos de 23 cm de diâmetro.

14 Unte as assadeiras. Coloque um disco de massa em cada uma.

15 Espalhe o molho, deixando uma borda de 2 cm ao redor do disco.

16 Coloque o restante do molho em um recipiente hermético e congele para uso futuro.

17 Distribua a muçarela igualmente sobre os discos de massa.

18 Cubra ¼ da massa com os champignons e regue-os com azeite.

19 Distribua o pimentão ao lado e coloque os filés de aliche cruzados por cima deles.

20 Coloque o pepperoni e as alcaparras e finalize com as alcachofras e as azeitonas.

21 Asse duas pizzas de cada vez na parte superior do forno por cerca de 20 minutos.

Variações de Pizza

Calzone de pimentão

A palavra italiana significa "perna de calça". Uma possível explicação para o nome é que o calzone podia ser levado em um bolso amplo.

4 UNID | 25 MIN | 15-20 MIN

Tempo de crescimento e descanso
1h30-2h

Utensílios
1 assadeira antiaderente
1 pincel

Ingredientes
1 receita de massa de pizza (ver pp. 82-3, passos 1-5)
4 colheres (sopa) de azeite, mais um pouco para servir
2 cebolas em fatias finas
2 pimentões vermelhos sem miolo e cortados em tirinhas
1 pimentão verde sem miolo e cortado em tirinhas
1 pimentão amarelo sem miolo e cortado em tirinhas
3 dentes de alho finamente picados
1 maço de ervas, como alecrim, tomilho, manjericão e salsinha (puras ou misturadas)
sal
pimenta-de-caiena a gosto
175 g de muçarela de búfala fatiada
farinha de trigo para polvilhar
1 ovo batido para pincelar

Preparo

1 Esquente 1 colher (sopa) de azeite em uma panela e junte as cebolas. Refogue até ficarem macias, mas sem dourar. Reserve.

2 Adicione o restante do azeite à panela e refogue os pimentões, o alho e metade das ervas até ficarem macios, mas sem dourar. Tempere com sal e a pimenta-de-caiena. Junte às cebolas e deixe esfriar.

3 Sove a massa, divida em quatro e abra em quadrados de 1 cm de espessura. Distribua colheradas do refogado, na diagonal, na metade de cada quadrado, deixando 2,5 cm de borda.

4 Espalhe a muçarela. Umedeça a borda de cada quadrado com água e dobre, formando um triângulo. Pressione as bordas e coloque na assadeira enfarinhada. Deixe crescer por 30 minutos. Preaqueça o forno a 230°C.

5 Bata os ovos com ½ colher (chá) de sal e pincele a massa. Asse por 15-20 minutos até dourarem. Pincele com um pouco de azeite antes de servir.

Pizza de panela à moda de Chicago

Essa versão foi criada na cidade americana, na década de 1940.

4 PORÇÕES | 35-40 MIN | 20-25 MIN

Tempo de crescimento e descanso
1h20-1h50

Utensílios
2 fôrmas redondas de 23 cm

Ingredientes

Massa
2½ colheres (chá) de fermento biológico seco
500 g de farinha de trigo, mais um pouco para polvilhar
2 colheres (chá) de sal
3 colheres (sopa) de azeite extravirgem, mais um pouco para untar
2-3 colheres (sopa) de fubá

Molho
375 g de linguiça defumada
1 colher (sopa) de azeite
3 dentes de alho finamente picados
2 latas de tomate pelado picado
pimenta-do-reino moída na hora
salsa picada
175 g de muçarela de búfala cortada em pedaços

Preparo

1 Dissolva o fermento em 4 colheres (sopa) de água morna. Deixe por 5 minutos, mexendo uma vez. Em uma tigela, misture a farinha e o sal e faça uma cova. Despeje o fermento dissolvido, 300 ml de água morna e o azeite. Misture os ingredientes até obter uma massa uniforme e um pouco grudenta.

2 Sobre uma superfície enfarinhada, sove a massa por 5-7 minutos, até ficar uniforme e elástica. Coloque-a em uma tigela untada com azeite e gire para que entre em contato com o azeite. Cubra com um pano úmido e deixe descansar por 1-1h30 até dobrar de tamanho.

3 Faça um corte de comprido nas linguiças, separe a carne e descarte a película. Aqueça o azeite em uma panela e refogue a carne em fogo alto por 5-7 minutos.

Abaixe o fogo e retire a carne da panela, deixando 1 colher (sopa) de gordura.

4 Na mesma panela, refogue o alho por cerca de 30 segundos. Junte a carne da linguiça, os tomates, o sal, o pimentão e quase toda a salsa, reservando 1 colher (sopa). Refogue por 10-15 minutos até encorpar. Retire do fogo, prove, acerte o tempero e deixe esfriar.

5 Unte as fôrmas com azeite, polvilhe o fubá, mexa para que o fundo e as laterais fiquem cobertos e vire para tirar o excesso. Sobre a superfície enfarinhada, pressione a massa com o punho para eliminar o ar. Com o rolo, abra-a no tamanho das fôrmas. Envolva cada uma no rolo e coloque sobre a fôrma. Pressione a massa nas fôrmas, deixando uma borda mais elevada de 2,5 cm nas beiradas. Cubra com um pano seco e deixe crescer por cerca de 20 minutos. Preaqueça o forno a 230°C.

6 Espalhe o molho sobre a massa, sem chegar até as bordas. Espalhe o queijo e o restante da salsa. Asse por 20-25 minutos até ficarem crocantes e dourarem.

Pizza bianca

Essa pizza sem molho de tomate é umedecida pelo azeite e traz vários sabores frescos do Mediterrâneo.

4 UNID | 25 MIN | 20 MIN

Tempo de crescimento e descanso
1-1h30

Utensílios
4 assadeiras antiaderentes

Ingredientes
- 4 bases de pizza (ver receita pp. 82-3, passos 1-5 e 12-14)
- 4 colheres (sopa) de azeite extravirgem, mais um pouco para regar
- 140 g de gorgonzola amassado
- 12 fatias de presunto cru rasgadas em tiras
- 4 figos frescos descascados e cortados em oito
- 2 tomates sem semente e fatiados
- 115 g de rúcula
- pimenta-do-reino moída na hora

Preparo

1 Preaqueça o forno a 200°C. Coloque as massas de pizza nas assadeiras untadas. Pincele com metade do azeite e espalhe o gorgonzola.

2 Asse por 20 minutos ou até ficarem crocantes. Retire do forno.

3 Distribua o presunto, os figos e os tomates. Leve as pizzas ao forno por mais 8 minutos ou até aquecer a cobertura e dourar as bases.

4 Espalhe a rúcula e tempere com pimenta. Regue com o restante do azeite e sirva.

DICA DA AUTORA
As pizzas são deliciosas com ou sem molho de tomate. Seja qual for sua preferência, é importante lembrar que a cobertura deve ser sempre distribuída de maneira uniforme e ficar suficientemente úmida – seja devido ao molho, ao queijo ou ao azeite – para que os demais ingredientes fiquem saborosos.

Pissaladière

O nome dessa versão francesa da pizza italiana deriva do termo pissala, uma pasta feita com aliche.

4 PORÇÕES | 20 MIN | 1H25 | ATÉ 12 SEM

Tempo de crescimento e descanso
1h

Utensílios
1 fôrma de 32,5 cm x 23 cm

Ingredientes

Massa
225 g de farinha de trigo para pães, mais um pouco para polvilhar
sal e pimenta-do-reino moída na hora
1 colher (chá) de açúcar mascavo
1 colher (chá) de fermento biológico seco
1 colher (sopa) de azeite, mais um pouco para untar

Cobertura
4 colheres (sopa) de azeite
900 g de cebola finamente picada
3 dentes de alho
1 ramo de tomilho
1 colher (chá) de ervas da Provença (mix de tomilho, manjericão, alecrim e orégano)
1 folha de louro
100 g de aliche
12 azeitonas pretas sem caroço

Preparo

1 Massa: misture a farinha, 1 colher (chá) de sal e pimenta-do-reino a gosto em uma tigela. Coloque 150 ml de água morna em outra tigela, misture o açúcar e depois o fermento. Deixe a mistura descansar por 10 minutos até borbulhar. Junte à farinha e acrescente o azeite.

2 Misture tudo até formar a massa. Se necessário, junte 1-2 colheres (sopa) de água morna. Sobre uma superfície enfarinhada, sove a massa por 10 minutos até ficar uniforme e elástica. Faça uma bola, coloque em uma tigela untada com azeite, cubra com um pano e deixe descansar por 1 hora ou até dobrar de tamanho.

3 Cobertura: Coloque o azeite em uma panela em fogo muito baixo. Junte as cebolas, o alho, as ervas e o louro. Tampe e refogue por 1 hora até as cebolas ficarem bem cremosas. Tenha cuidado para não queimar; se a cebola ficar muito seca, adicione um pouco de água. Escorra o líquido, retire o louro e reserve.

4 Preaqueça o forno a 180°C. Sove a massa em uma superfície enfarinhada e abra até ficar fina e do tamanho da fôrma. Molde a massa na fôrma e fure-a com um garfo.

5 Espalhe as cebolas sobre a massa. Escorra os filés de aliche e corte-os ao meio no sentido do comprimento. Reserve 3 colheres (sopa) do azeite. Distribua as azeitonas em fileiras e coloque os filés de aliche cruzados por cima das cebolas. Regue com o azeite do aliche e polvilhe com a pimenta.

6 Asse por 25 minutos ou até a crosta dourar. As cebolas não devem queimar nem ficar secas. Retire do forno e sirva a pissaladière cortada em retângulos, quadrados ou fatias. Se preferir, espere esfriar.

DICA DA AUTORA

Todos os ingredientes da pissaladière são muito simples e, por isso, é fundamental utilizar produtos de excelente qualidade. Dê especial atenção à escolha dos filés de aliche, pois devem ser conservados em azeite de boa qualidade. A anchova defumada os substitui muito bem.

Zwiebelkuchen

Nessa tradicional torta alemã, o sour cream e o kümmel contrastam com o sabor adocicado das cebolas refogadas.

8 PORÇÕES | 30 MIN | 1-1H05 MIN

Tempo de crescimento
1h30-2h30

Utensílios
1 assadeira de 26 cm x 32 cm com bordas altas

Ingredientes
4 colheres (chá) de fermento biológico seco
3 colheres (sopa) de azeite, mais um pouco para untar
400 g de farinha de trigo, mais um pouco para polvilhar
1 colher (chá) de sal

Recheio
50 g de manteiga sem sal
2 colheres (sopa) de azeite
600 g de cebola em rodelas finas
½ colher (chá) de kümmel
sal e pimenta-do-reino moída na hora
150 ml de sour cream*
150 ml de creme de leite fresco
3 ovos
1 colher (sopa) de farinha de trigo
75 g de bacon defumado picado

Preparo

1 Massa: dissolva o fermento em 225 ml de água morna. Adicione o azeite e reserve. Peneire a farinha e o sal em uma tigela. Faça uma cova na mistura e despeje os ingredientes líquidos, mexendo sempre. Misture com as mãos até obter a massa. Coloque-a sobre uma superfície enfarinhada e sove por 10 minutos até ficar macia, uniforme e elástica.

2 Coloque a massa em uma tigela untada com óleo, cubra com filme de PVC e deixe crescer em temperatura ambiente por 1-2 horas até dobrar de tamanho.

3 Recheio: aqueça a manteiga e o azeite em uma panela. Junte as cebolas e o kümmel e tempere com sal e pimenta. Tampe e refogue por cerca de 20 minutos até a cebola amaciar, mas não dourar. Destampe e mantenha por mais 5 minutos até o excesso de água evaporar.

4 Em outra tigela, bata o sour cream, o creme de leite fresco, os ovos e a farinha e tempere bem. Misture as cebolas refogadas, deixe esfriar e reserve.

5 Quando a massa crescer, coloque-a sobre uma superfície enfarinhada e pressione com os nós dos dedos. Unte uma assadeira com óleo. Abra a massa com aproximadamente o mesmo tamanho da assadeira e forre-a com a massa. Molde a massa à fôrma, se necessário. Cubra com o filme de PVC ligeiramente untado com um pouco de óleo e deixe crescer em temperatura ambiente por mais 30 minutos, até ficar fofa.

6 Preaqueça o forno a 200°C. Pressione a massa delicadamente se crescer demais nas bordas. Coloque o recheio sobre a massa e espalhe o bacon picado por cima.

7 Coloque a assadeira na parte mais alta do forno e asse por 35-40 minutos até dourar. Retire a torta do forno e deixe esfriar por, pelo menos, 5 minutos antes de servir. Sirva morna ou em temperatura ambiente.

GUARDE Cubra e refrigere por até 1 noite.

*Caso não encontre o industrializado, ele pode ser feito com creme de leite fresco, gotas de limão e sal.

DICA DA AUTORA

Essa deliciosa torta de cebola e sour cream parece ser uma mistura de pizza e quiche e, de fato, é feita com a tradicional massa de pizza. Não é muito conhecida fora da Alemanha, mas vale a pena experimentar. É tradicionalmente servida durante a colheita da uva.

Pão pita

Esse pão plano e oco é delicioso com salada e outros recheios ou cortado e servido com pastas árabes.

6 UNID | 20-30 MIN | 5 MIN | ATÉ 8 SEM

Tempo de crescimento e descanso
1h20-1h50

Utensílios

2 assadeiras antiaderentes
1 pincel

Ingredientes

1 colher (chá) de fermento biológico seco
60 g de farinha de trigo integral
250 g de farinha de trigo, mais um pouco para polvilhar
1 colher (chá) de sal
2 colheres (chá) de semente de cominho
2 colheres (chá) de azeite, mais um pouco para untar

1 Dissolva o fermento em 4 colheres (sopa) de água morna. Espere 5 minutos e mexa.

2 Misture os dois tipos de farinha, o sal e o cominho.

3 Faça uma cova e despeje o fermento, 190 ml de água morna e o azeite.

4 Misture todos os ingredientes até formar uma massa macia e grudenta.

5 Sobre superfície enfarinhada, sove até ficar uniforme e elástica.

6 Coloque a massa em uma tigela untada e cubra com um pano úmido.

7 Deixe descansar por 1-1h30 até dobrar de tamanho. Polvilhe farinha nas assadeiras.

8 Na superfície enfarinhada, pressione a massa com a mão fechada.

9 Faça um cilindro de 5 cm de diâmetro com a massa e corte-o em seis pedaços.

10 Pegue um pedaço e cubra os demais com um pano. Faça uma bola de massa.

11 Abra a massa em formato ovalado com 18 cm. Repita com os demais pedaços.

12 Coloque-os na assadeira e cubra com um pano. Deixe descansar por 20 minutos.

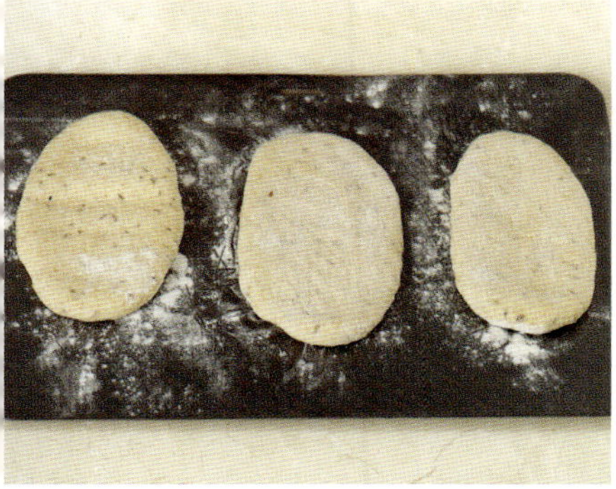

13 Preaqueça o forno a 240°C. Coloque a outra assadeira no forno.

14 Passe metade dos pães para a fôrma que foi aquecida.

15 Asse por 5 minutos. Transfira para uma grade e pincele com água.

16 Repita o procedimento com os outros pães. **GUARDE** É melhor consumir imediatamente, mas podem ser guardados por até 1 noite em recipiente hermético.

Variações de Pão pita

Esfirra de cordeiro

É comum no Oriente Médio.

12 UNID | 40-45 MIN | 10-15 MIN

Tempo de crescimento e descanso
1h20-1h50

Ingredientes

1 receita de Pão pita (veja p. 92, passos 1-8, excluindo o cominho)
2 colheres (sopa) de azeite extravirgem
375 g de carne de cordeiro moída
sal e pimenta-do-reino moída na hora
3 dentes de alho grandes finamente picados
1 pedaço (1 cm) de gengibre descascado e finamente picado
1 cebola finamente picada
½ colher (chá) de coentro em pó
¼ de colher (chá) de cúrcuma em pó
¼ de colher (chá) de cominho em pó
uma pitada de pimenta-de-caiena
2 tomates sem pele nem sementes picados
1 maço pequeno de coentro fresco picado
iogurte grego para servir (opcional)

Preparo

1 Esquente o azeite na frigideira, junte a carne, tempere e refogue em fogo médio-alto até dourar. Retire com uma escumadeira e reserve. Reduza o fogo para médio, retire a gordura, deixando o equivalente a 2 colheres (sopa). Junte o alho e o gengibre e doure por 30 segundos. Adicione a cebola e refogue até ficar macia. Acrescente o coentro, a cúrcuma, o cominho, a pimenta, os tomates e a carne. Cubra e refogue por 10 minutos até engrossar.

2 Retire a panela do fogo. Misture o coentro fresco, prove e acerte o tempero. Deixe o recheio esfriar e prove de novo: acrescente mais tempero, se necessário.

3 Corte a massa ao meio e faça um cilindro de 5 cm de diâmetro. Corte em seis porções e cubra. Faça o mesmo com a outra metade. Faça uma bola com uma porção de massa. Abra um disco de 10 cm. Coloque um pouco do recheio no centro, deixando 2,5 cm de borda. Dobre a massa por cima do recheio, formando um triângulo. Aperte as bordas para selar e coloque sobre uma assadeira. Repita com as demais porções.

4 Cubra as esfirras com um pano e deixe crescer por 20 minutos. Preaqueça o forno a 230°C. Asse por 10-15 minutos até dourarem. Sirva mornas e, se gostar, acompanhadas de iogurte grego.

GUARDE As esfirras podem ser armazenadas em recipiente hermético por até 1 noite.

PREPARE ANTES O recheio de cordeiro pode ser preparado até 1 dia antes e mantido coberto na geladeira.

Pão pita de grão-de-bico

Fica ótimo grelhado e deve ser consumido no mesmo dia.

8 UNID | 25 MIN | 15 MIN

Tempo de crescimento e descanso
1h

Utensílios
2 assadeiras antiaderentes
1 pincel

Ingredientes
1 colher (chá) de fermento biológico seco
1½ colher (chá) de semente de cominho, mais um pouco para polvilhar
1½ colher (chá) de coentro em pó
450 g de farinha de trigo, mais um pouco para polvilhar
1 colher (chá) de sal
coentro fresco picado
200 g de grão-de-bico cozido, escorrido e amassado
150 ml de iogurte natural
1 colher (sopa) de azeite extravirgem, mais um pouco para untar

Preparo

1 Dissolva o fermento em 300 ml de água morna e mexa uma vez. Toste o cominho e o coentro em uma frigideira por 1 minuto. Misture a farinha e o sal em uma tigela. Adicione as especiarias, o coentro fresco, o grão-de-bico e faça uma cova. Despeje o iogurte, o azeite e o fermento dissolvido e misture. Deixe descansar por 10 minutos.

2 Sobre uma superfície enfarinhada, sove a massa por 5 minutos e faça uma bola. Coloque em uma tigela untada com azeite, cubra com filme de PVC untado e deixe descansar por 1 hora.

3 Polvilhe as assadeiras com farinha. Preaqueça o forno a 220°C. Polvilhe farinha em uma superfície, vire a massa e corte-a em oito pedaços.

4 Abra cada um com um rolo em formato oval com 5 mm de espessura. Coloque nas assadeiras, pincele com azeite e polvilhe as sementes de cominho. Asse até dourar.

Crisp de pão pita

Sirva esses crocantes caseiros como parte de um meze ou como aperitivo. São mais saudáveis que as batatas fritas!

8 PORÇÕES | 10 MIN | 7-8 MIN

Utensílios
2 assadeiras antiaderentes
1 pincel

Ingredientes
6 pães pita (prontos ou ver receita pp. 92-3)
azeite extravirgem para pincelar
sal para polvilhar
pimenta-de-caiena para espalhar

Preparo

1 Preaqueça o forno a 230°C. Divida os pães ao meio, no sentido do comprimento, separando duas camadas. Pincele ambos os lados com azeite e espalhe o sal e a pimenta.

2 Faça pilhas de seis e corte em triângulos grandes. Coloque-os na assadeira em uma única camada, sem que se sobreponham.

3 Asse na parte mais alta do forno por 5 minutos ou até a base dos pães dourar. Vire-os e asse por mais 2-3 minutos até ficarem crocantes. Deixe esfriar sobre papel-toalha antes de servir.

GUARDE Podem ser armazenados em recipiente hermético por até 2 dias.

DICA DA AUTORA
Esses aperitivos combinam muito bem com patês e pastas caseiras e até com chili com carne. São mais baratos e saudáveis que as batatas fritas. Para uma opção ainda mais nutritiva, use pães pita integrais.

Naan

Esse pão popular na Índia é tradicionalmente assado em forno tandoor, mas pode ser feito no convencional.

6 UNID | 20 MIN | 8 MIN | ATÉ 12 SEM

Tempo de crescimento e descanso
1h

Utensílios
2 assadeiras antiaderentes
1 pincel

Ingredientes
50 g de ghee (ou manteiga)
500 g de farinha de trigo, mais um pouco para polvilhar
2 colheres (chá) de fermento biológico seco
1 colher (chá) de açúcar
1 colher (chá) de sal
2 colheres (chá) de sementes de nigela
100 ml de iogurte natural integral

1 Derreta o ghee em uma panela e reserve.

2 Misture a farinha, o fermento, o açúcar, o sal e as sementes de nigela.

3 Faça uma cova e adicione 200 ml de água morna, o iogurte e o ghee derretido.

4 Delicadamente, misture os ingredientes com uma colher de pau.

5 Mexa por 5 minutos até obter uma massa rústica. Cubra com filme de PVC.

6 Deixe descansar por 1 hora até dobrar de tamanho. Preaqueça o forno a 240°C.

7 Coloque as assadeiras no forno. Pressione a massa com a mão fechada.

8 Sove a massa em superfície enfarinhada até uniformizar. Divida em quatro pedaços.

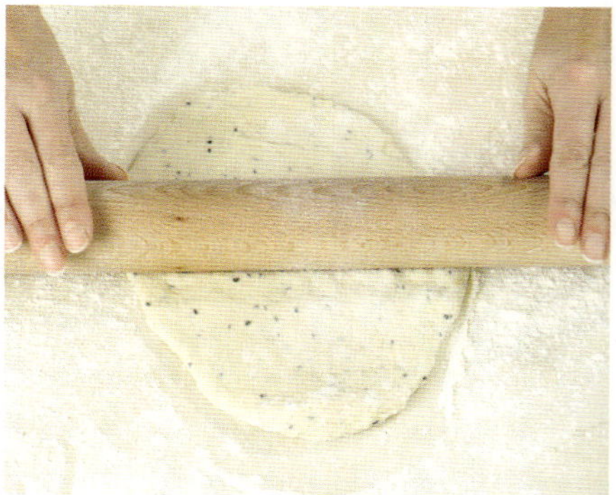

9 Abra cada pedaço em formato oval com 24 cm.

10 Coloque nas assadeiras e asse por 6-7 minutos até crescerem bem.

11 Preaqueça o grill na temperatura mais alta. Coloque os naan na assadeira do grill.

12 Asse-os por 30-40 segundos de cada lado ou até que dourem e inflem.

13 Tenha cuidado para não queimá-los. Transfira-os para uma grade e sirva mornos. **EXPERIMENTE TAMBÉM** **Naan com alho e coentro.** No passo 2, acrescente 2 dentes de alho amassados e 4 colheres (sopa) de coentro picado.

Variações de Naan

Naan recheado com feta, pimenta-malagueta e ervas

Experimente acrescentar um recheio de ervas e feta ao naan para criar um prato diferente, combinando sabores mediterrâneos e orientais.

6 UNID | 15 MIN | 6–7 MIN

Tempo de crescimento e descanso
1h

Utensílios
2 assadeiras antiaderentes
1 pincel

Ingredientes
500 g de farinha de trigo, mais um pouco para polvilhar
2 colheres (chá) de fermento biológico seco
1 colher (chá) de açúcar
1 colher (chá) de sal
2 colheres (chá) de sementes de nigela
100 ml de iogurte natural
50 g de ghee (ou manteiga) derretido
150 g de feta amassado
1 colher (sopa) de pimenta-malagueta picada
3 colheres (sopa) de hortelã picada
3 colheres (sopa) de coentro picado

Preparo

1 Misture a farinha, o fermento, o açúcar, o sal e as sementes de nigela e faça uma cova. Despeje 200 ml de água morna, o iogurte e o ghee. Misture bem por 5 minutos até formar a massa. Cubra e deixe descansar por cerca de 1 hora até dobrar de tamanho.

2 Recheio: misture o feta, a pimenta e as ervas. Preaqueça o forno a 240°C e esquente as assadeiras.

3 Divida a massa em seis pedaços e abra-os em círculos de 10 cm de diâmetro. Distribua o recheio no meio de cada círculo. Una as bordas por cima do recheio, pressionando para selá-las. Vire a massa e abra em formato oval, tomando cuidado para não rasgá-la.

4 Coloque os pães nas assadeiras e asse por 6-7 minutos ou até que tenham estufado bem. Transfira para uma grade e sirva ainda mornos.

PREPARE ANTES Os naan podem ser armazenados durante a noite, envolvidos em filme de PVC. Para reaquecê-los, amasse um papel-manteiga na água, aperte para tirar o excesso de líquido e use para embrulhá-los. Leve ao forno em temperatura média por 10 minutos.

Naan peshwari

Esse naan doce deve ser servido recém-saído do forno, como sobremesa ou acompanhamento para um saboroso curry. Experimente substituir a uva-passa por maçã picada e um pouco de canela. ▶

6 UNID | 15 MIN | 6–7 MIN | ATÉ 8 SEM

Tempo de crescimento e descanso
1h

Utensílios
2 assadeiras antiaderentes
processador de alimentos

Ingredientes
500 g de farinha de trigo, mais um pouco para polvilhar
2 colheres (chá) de fermento biológico seco
1 colher (chá) de açúcar
1 colher (chá) de sal
2 colheres (chá) de sementes de nigela
100 ml de iogurte natural
50 g de ghee (ou manteiga) derretido

Recheio
2 colheres (sopa) de uva-passa
2 colheres (sopa) de pistache sem sal
2 colheres (sopa) de amêndoa
2 colheres (sopa) de coco ralado
1 colher (sopa) de açúcar

Preparo

1 Em uma tigela, misture a farinha, o fermento, o açúcar, o sal e as sementes de nigela. Faça uma cova e junte 200 ml de água morna, o iogurte e o ghee. Mexa com uma colher de pau por 5 minutos até uniformizar. Cubra e deixe descansar por 1 hora até dobrar de tamanho.

2 Recheio: passe todos os ingredientes no processador. Preaqueça o forno a 240°C e esquente as assadeiras.

3 Divida a massa em seis pedaços e abra-os em discos de 10 cm de diâmetro. Distribua o recheio no meio de cada pedaço. Levante as bordas por cima do recheio e pressione-as para selar.

4 Vire a massa e abra em formato oval, tendo cuidado para não rasgá-la ou deixar vazar o recheio. Coloque nas assadeiras e asse por 6-7 minutos ou até que inflem bastante. Transfira os pães para uma grade e sirva mornos.

PREPARE ANTES Podem ser armazenados por até 1 noite, envolvidos em filme de PVC. Para reaquecê-los, amasse um papel-manteiga na água, aperte para tirar o excesso de líquido e use para embrulhar os naan. Leve-os ao forno em temperatura média por 10 minutos.

DICA DA AUTORA

Uma vez dominada a técnica de rechear e abrir a massa do naan, são incontáveis as possibilidades de combinação. Essa receita usa nozes, frutas secas e coco. Experimente fazer um recheio de cordeiro condimentado e sirva com molho de iogurte e hortelã.

Paratha recheado

Essa receita é rápida e fácil de fazer. Experimente duplicar as quantidades e congelar metade entre camadas de papel-manteiga.

4 UNID | 20 MIN | 15-20 MIN | ATÉ 8 SEM

Tempo de crescimento e descanso
1h

Utensílios
frigideira de ferro fundido ou chapa
1 pincel

Ingredientes

Massa
300 g de farinha chapati ou integral (veja a Dica da Autora)
½ colher (chá) de sal
50 g de manteiga sem sal derretida e fria

Recheio
250 g de batata-doce descascada cortada em cubos
1 colher (sopa) de óleo de girassol, mais um pouco para untar
½ cebola roxa finamente picada
2 dentes de alho amassados
1 colher (sopa) de pimenta-malagueta picada ou a gosto
1 colher (sopa) de gengibre picado
2 colheres (sopa) de coentro picado
½ colher (chá) de garam masala
sal

Preparo

1 Massa: peneire a farinha e o sal. Adicione a manteiga e 150 ml de água e misture os ingredientes até formar a massa. Sove por 5 minutos, cubra e deixe descansar por 1 hora.

2 Recheio: cozinhe a batata-doce no vapor ou em água fervente por 7 minutos até ficar macia. Escorra a água. Em uma frigideira, esquente o óleo em fogo médio e refogue a cebola por 3-5 minutos até ficar macia sem dourar. Junte o alho, a pimenta, o gengibre e refogue por 1-2 minutos.

3 Junte o refogado à batata-doce e amasse bem. Adicione o coentro, o garam masala e o sal e bata até uniformizar. Deixe esfriar e reserve.

4 Divida a massa em quatro pedaços. Sove cada pedaço e abra em um círculo com cerca de 10 cm de diâmetro. Coloque ¼ do recheio no meio. Junte as bordas.

5 Pressione as bordas para selar o recheio, vire a massa e abra de novo, formando um disco de 18 cm. Tenha cuidado para não aplicar muita força ao abrir a massa. Se o recheio vazar, remova o excesso e cubra a rachadura com um pouco de massa para selar novamente o paratha.

6 Coloque uma frigideira de ferro fundido ou uma chapa em fogo médio. Frite os parathas por 2 minutos de cada lado, virando de vez em quando para que dourem e cozinhem. Pincele a superfície com um pouco de óleo antes de virá-los novamente. Sirva imediatamente com curry ou acompanhado de salada verde.

PREPARE ANTES Podem ser conservados por até 1 noite, envolvidos em filme de PVC. Para reaquecê-los, amasse um papel-manteiga na água, aperte para tirar o excesso de água e use para embrulhar os parathas. Leve ao forno em temperatura média por 10 minutos.

DICA DA AUTORA

Esses pães planos indianos são feitos com a tradicional farinha chapati, mas se for difícil encontrá-la, use farinha integral. Experimente diferentes recheios, como uma sobra de curry de verduras ou legumes. Os ingredientes do recheio devem ser picados para que possam se acomodar no paratha.

PARATHA RECHEADO

Tortilha

Esse tradicional pão mexicano é fácil de fazer e fica muito mais saboroso que o industrializado.

8 UNID | 10 MIN | 15-20 MIN | ATÉ 8 SEM

Tempo de crescimento e descanso
1h

Ingredientes

300 g de farinha de trigo, mais um pouco para polvilhar
1 colher (chá) de sal
½ colher (chá) de fermento
50 g de banha ou gordura vegetal gelada cortada em pedaços, mais um pouco para untar

1 Junte a farinha, o sal e o fermento em uma tigela grande. Adicione a gordura.

2 Amasse bem com as pontas dos dedos até obter uma mistura esfarelada.

3 Adicione 150 ml de água morna e misture até formar uma massa rústica.

4 Sobre superfície enfarinhada, sove a massa até ficar macia.

5 Coloque em uma tigela untada e cubra com filme de PVC. Deixe descansar por 1 hora.

6 Vire a massa na superfície enfarinhada e divida em oito porções iguais.

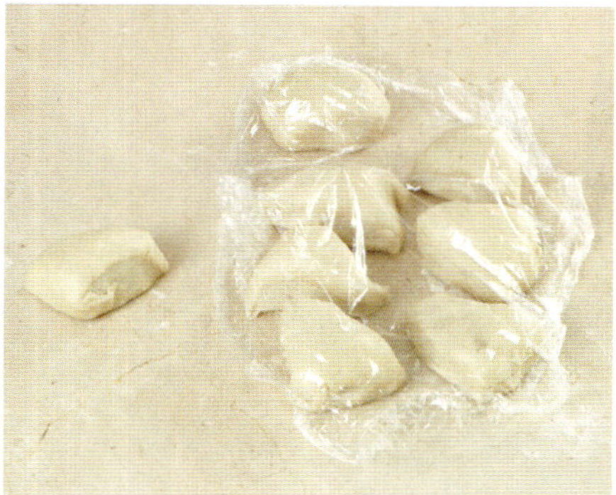

7 Pegue um pedaço e mantenha os outros cobertos, para não ressecarem.

8 Abra cada pedaço até ficar com uma espessura fina e 20-25 cm de diâmetro.

9 Empilhe as tortilhas colocando papel-manteiga entre cada uma.

10 Esquente uma frigideira em fogo médio. Toste cada tortilha por 1 minuto.

11 Vire e continue a tostar até ambos os lados cozinharem e dourarem.

12 Coloque em uma grade e faça o mesmo com as demais tortilhas. Sirva mornas ou frias.

PREPARE ANTES As tortilhas frias podem ser armazenadas por até 1 noite, envolvidas em filme de PVC. Para esquentá-las, amasse um papel-manteiga na água, aperte para retirar o excesso de líquido, envolva as tortilhas e leve ao forno em temperatura média por 10 minutos.

Variações de Tortilha

Quesadilla

Qualquer recheio fica bom em uma quesadilla: experimente com frango, presunto, gruyère ou cogumelos.

1 PORÇÃO DE CADA | 5-10 MIN | 30-35 MIN

Ingredientes

Recheio picante de carne e tomate

1 colher (sopa) de azeite extravirgem
150 g de carne moída
uma pitada de pimenta-de-caiena
sal e pimenta-do-reino moída na hora
um punhado de salsa picada
2 tomates picados
50 g de cheddar ralado

Recheio de abacate e cebolinha

½ abacate em pedaços
4 talos de cebolinha picados
1-2 pimentas vermelhas frescas sem sementes e picadas
suco de ½ limão
50 g de cheddar ralado

Tortilhas

2 colheres (sopa) de óleo vegetal
4 Tortilhas (ver receita pp. 102-3)

Preparo

1 Recheio de carne: esquente o óleo em uma panela. Frite a carne moída e a pimenta-de-caiena em fogo médio por 5 minutos ou até perder a cor rosada. Reduza o fogo e acrescente um pouco de água quente. Tempere com sal e pimenta e refogue por 10 minutos até a carne cozinhar. Espalhe a salsinha.

2 Recheio de abacate e cebolinha: coloque o abacate, as cebolinhas, as pimentas e o suco de limão em uma tigela. Tempere e misture. Reserve por 2 minutos.

3 Esquente metade do óleo em uma frigideira antiaderente. Frite cada tortilha por 1 minuto ou até dourar um pouco. Coloque uma colherada do recheio de carne e, por cima, o tomate e o cheddar. Cubra com outra tortilha, pressionando com uma espátula. Vire a quesadilla com cuidado e frite por mais 1 minuto ou até dourar. Corte ao meio ou em quatro pedaços e sirva.

4 Esquente o restante do óleo na frigideira e frite uma tortilha por 1 minuto ou até dourar. Espalhe o abacate, deixando um espaço na borda e, por cima, a mistura de cebolinha e o cheddar. Siga como indicado no passo 3.

Sanduíche quente de tortilha

Uma alternativa para um almoço rápido que as crianças adoram!

2 PORÇÕES | 10 MIN | 8 MIN

Ingredientes

4 Tortilhas (prontas ou ver receita pp. 102-3)
4 fatias de presunto
ketchup ou mostarda suave (opcionais)
50 g de queijo ralado, como cheddar
cenouras descascadas e cortadas para servir (opcional)
pepino cortado para servir (opcional)

Preparo

1 Coloque 2 fatias abertas de presunto sobre duas tortilhas.

2 Dependendo do paladar das crianças, espalhe um pouco de ketchup ou mostarda suave sobre o presunto. Espalhe o queijo sobre as duas tortilhas e cubra com outra tortilha para fazer os sanduíches.

3 Esquente uma frigideira de ferro fundido ou uma chapa em fogo médio. Frite as tortilhas, uma por vez, por 1 minuto de cada lado, até ficarem tostadas e dourarem.

4 Corte cada tortilha em oito pedaços como se fosse uma pizza e sirva imediatamente com cenouras e pepinos para um almoço rápido.

Canapé de guacamole e camarão

Esse sofisticado aperitivo ao estilo mexicano é simples de fazer.

50 UNID | 15 MIN | 10-15 MIN

Utensílios
1 cortador de massa redondo de 3 cm
saco de confeitar com bico simples pequeno

Ingredientes
5 Tortilhas (prontas ou ver receita pp. 102-3)
1 litro de óleo de girassol para fritar

Guacamole
2 abacates maduros
suco de 1 limão
molho de pimenta
4 colheres (chá) de coentro picado
4 cebolinhas picadas
sal e pimenta-do-reino moída na hora
25 camarões grandes limpos, cozidos e cortados ao meio no sentido do comprimento ou 50 camarões inteiros limpos e cozidos

Preparo

1 Corte pelo menos cem discos de tortilha com o cortador. Esquente o óleo em uma panela. Frite as tortilhas até dourarem. Não coloque muitas por vez, pois não ficarão crocantes. Retire com escumadeira e coloque sobre papel--toalha. Deixe esfriar.

2 Guacamole: amasse a polpa do abacate com metade do suco de limão, um pouco de molho de pimenta, 3 colheres (chá) de coentro picado, as cebolinhas picadas, sal e pimenta a gosto.

3 Quando faltar 30 minutos para servir, deixe os camarões marinando com o restante do suco de limão e do coentro.

4 Com o saco de confeitar, coloque o guacamole sobre as tortilhas e cubra com outra tortilha. Coloque guacamole sobre a segunda tortilha e termine com o camarão.

PREPARE ANTES Podem ser guardados em recipiente hermético por até 2 dias, já fritos.

Grissini

Segundo a tradição, o grissini deve ter o tamanho do braço do padeiro, mas nessa receita é bem menor!

32 UNID | 40-45 MIN | 15-18 MIN

Tempo de crescimento e descanso
1-1h30

Utensílios
3 assadeiras antiaderentes
1 pincel

Ingredientes
2½ colheres (chá) de fermento biológico seco
425 g de farinha de trigo, mais um pouco para polvilhar
1 colher (sopa) de açúcar
2 colheres (chá) de sal
2 colheres (sopa) de azeite extravirgem
45 g de gergelim

1 Dissolva o fermento em 4 colheres (sopa) de água, deixe 5 minutos e mexa 1 vez.

2 Coloque a farinha, o açúcar e o sal na tigela. Junte o fermento e 250 ml de água morna.

3 Junte o azeite e misture até obter uma massa leve e um pouco grudenta.

4 Sove a massa em superfície enfarinhada por 5-7 minutos até ficar uniforme e elástica.

5 Cubra a massa com um pano úmido e deixe descansar por 5 minutos.

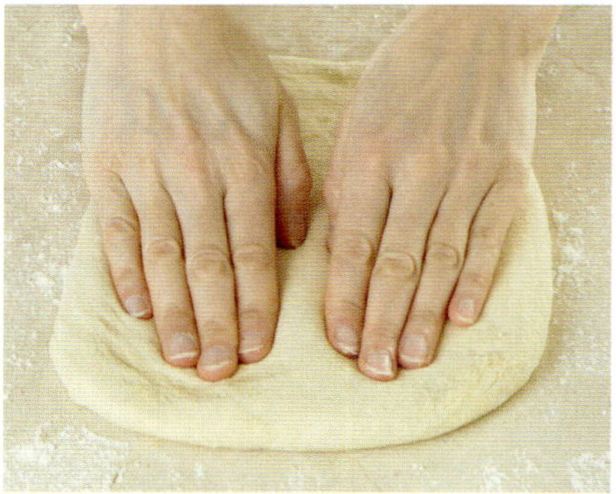

6 Com as mãos enfarinhadas, pressione a massa, formando um retângulo.

7 Abra a massa até atingir 40 cm x 15 cm. Cubra com um pano úmido.

8 Deixe descansar por 1-1h30 até dobrar de tamanho. Preaqueça o forno a 220°C.

9 Polvilhe farinha nas assadeiras. Pincele a massa com água e espalhe o gergelim.

10 Corte 32 tiras de 1 cm de largura com uma faca afiada.

11 Estique uma tira até a largura da assadeira. Coloque-a sobre a assadeira.

12 Faça isso com as outras tiras, deixando 2 cm de distância entre elas.

13 Asse por 15-18 minutos até os grissini dourarem e ficarem crocantes. Coloque em uma grade e deixe esfriar completamente.
GUARDE Os grissini podem ser armazenados em recipiente hermético por até 2 dias.

Variações de Grissini

Pico espanhol

Feita com tiras torcidas de massa, essa versão espanhola de grissini é ideal para acompanhar tapas, os petiscos espanhóis.

16 UNID | 40-45 MIN | 18-20 MIN

Tempo de crescimento
1-1h30

Utensílios
2 assadeiras antiaderentes
1 pincel

Ingredientes
½ receita de Grissini (ver p. 106, passos 1-6)
1½ colher (sopa) de sal

Preparo

1 Abra a massa em um retângulo de 20 cm x 15 cm. Cubra com um pano úmido e deixe descansar por 1-1h30 até dobrar de tamanho.

2 Preaqueça o forno a 220°C. Polvilhe farinha nas assadeiras. Corte a massa em dezesseis tiras e corte-as ao meio. Dobre uma tira ao meio, curve as pontas em um nó simples e coloque sobre a assadeira. Faça o mesmo com as demais tiras.

3 Pincele com água e espalhe o sal. Leve ao forno por 18-20 minutos até ficarem crocantes e dourarem. Deixe esfriar em uma grade.

GUARDE Os picos podem ser armazenados em recipiente hermético por até 2 dias.

Grissini de queijo

A páprica dá um sabor especial a esse grissini de parmesão.

32 UNID | 40-45 MIN | 10 MIN

Tempo de crescimento
1-1h30

Utensílios
3 assadeiras antiaderentes
1 pincel

Ingredientes
2½ colheres (chá) de fermento biológico seco
425 g de farinha de trigo, mais um pouco para polvilhar
1 colher (sopa) de açúcar
2 colheres (chá) de sal
1½ colher (chá) de páprica
2 colheres (sopa) de azeite extravirgem
50 g de parmesão ralado

Preparo

1 Dissolva o fermento em 4 colheres (sopa) de água morna. Deixe descansar por 5 minutos, mexendo uma vez. Coloque a farinha, o açúcar, o sal e a páprica em uma tigela. Junte o azeite, o fermento dissolvido e 250 ml de água morna.

2 Misture bem até obter uma massa macia e grudenta. Em superfície enfarinhada, sove por 5-7 minutos, até uniformizar, e forme uma bola. Cubra com um pano úmido e deixe por 5 minutos. Abra a massa em um retângulo de 40 cm x 15 cm. Cubra com o pano e deixe por 1-1h30 até dobrar de tamanho.

3 Preaqueça o forno a 220°C. Polvilhe farinha nas assadeiras e pincele a massa com água. Polvilhe-a com o parmesão, pressionando-o um pouco sobre a massa. Corte cerca de 32 tiras de 1 cm de largura. Estique uma tira até a largura da assadeira. Faça o mesmo com as demais e coloque--as sobre as assadeiras, deixando 2 cm de distância entre elas. Asse por 10 minutos até ficarem crocantes e dourarem. Transfira para uma grade para esfriar.

GUARDE É melhor consumir os grissini frescos, mas podem ser armazenados em recipiente hermético por até 2 dias.

Grissini com presunto cru

Fica ótimo acompanhado de maionese de ervas.

32 UNID | 45 MIN | 15-18 MIN

Tempo de crescimento
1-1h30

Utensílios
3 assadeiras antiaderentes
1 pincel

Ingredientes
1 receita de Grissini (ver p. 106, passos 1-8)
3 colheres (sopa) de sal grosso
12 fatias de presunto cru

Preparo

1 Preaqueça o forno a 220°C. Polvilhe farinha nas assadeiras. Pincele a massa aberta com água e espalhe o sal.

2 Corte cerca de 32 tiras de 1 cm de largura. Coloque-as na assadeira, deixando 2 cm de distância entre elas e estique-as até a largura da fôrma. Asse por 15-18 minutos até ficarem crocantes e dourarem. Transfira para uma grade para esfriar.

3 Corte cada fatia de presunto em três pedaços no sentido do comprimento. Antes de servir, enrole a ponta de cada grissini com o presunto.

PREPARE ANTES Os grissini podem ser feitos com até 1 dia de antecedência e armazenados em recipiente hermético.

DICA DA AUTORA

Os grissini caseiros são ideais para acompanhar um jantar. Experimente novas texturas e sabores, adicionando azeitonas picadas, páprica ou seus queijos preferidos. Puros também são um lanche saudável para as crianças. Sempre que possível, consuma no mesmo dia em que foram assados.

Biscoito de stilton e nozes

Esses biscoitos saborosos são uma maneira ideal de usar o queijo e as nozes que sobram depois do Natal.

24 UNID | 10 MIN | 20 MIN | 12 SEM, S/ ASSAR

Tempo de refrigeração
1h

Utensílios
assadeiras antiaderentes
cortador circular de 5 cm

Ingredientes
120 g de queijo stilton, gorgonzola ou roquefort
50 g de manteiga sem sal em temperatura ambiente
125 g de farinha de trigo peneirada, mais um pouco para polvilhar
60 g de nozes picadas
pimenta-do-reino moída na hora
1 gema

1 Bata o queijo e a manteiga na batedeira até formar um creme.

2 Adicione a farinha e amasse com a ponta dos dedos até formar farelos.

3 Acrescente as nozes e a pimenta-do-reino e misture bem.

4 Finalmente, acrescente a gema e mexa até obter uma massa firme.

5 Sove a massa levemente em uma superfície enfarinhada para ajudar a misturar as nozes.

6 Embrulhe com filme de PVC e coloque na geladeira por 1 hora. Ligue o forno a 180°C.

7 Coloque a massa em superfície enfarinhada e sove levemente para amaciá-la um pouco.

8 Abr a massa com um rolo até uma espessura de 5 mm e corte os biscoitos.

9 Ou refrigere a massa na forma de um rolo de 5 cm de diâmetro.

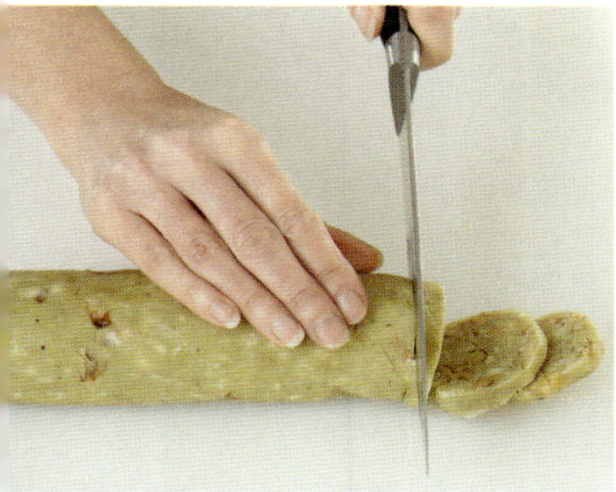

10 Depois, corte fatias de 5 mm de espessura com uma faca afiada.

11 Coloque os biscoitos nas assadeiras antiaderentes e asse por 15 minutos.

12 Vire-os e asse por mais 5 minutos até dourarem dos dois lados.

13 Tire os biscoitos do forno, deixe nas assadeiras por alguns minutos e depois transfira para uma grade.

GUARDE Os biscoitos podem ser armazenados em recipiente hermético por até 5 dias.

Variações de Biscoito com queijo

Biscoito de parmesão e alecrim

Saboroso, leve e elegante, pode ser servido tanto como aperitivo quanto após o jantar, acompanhado de queijo.

15-20 UNID | 10 MIN | 15 MIN | 12 SEM, S/ ASSAR

Tempo de refrigeração
1h

Utensílios
processador de alimentos (opcional)
cortador redondo de 6 cm de diâmetro
assadeiras antiaderentes

Ingredientes
60 g de manteiga sem sal em temperatura ambiente cortada em pedaços
75 g de farinha de trigo, mais um pouco para polvilhar
60 g de parmesão ralado fino
pimenta-do-reino moída na hora
1 colher (sopa) de alecrim, tomilho ou manjericão

Preparo

1 Em uma tigela, trabalhe a manteiga e a farinha com a ponta dos dedos ou processe-as até obter farelos. Acrescente o parmesão, a pimenta e as ervas picadas e misture bem até formar a massa.

2 Coloque-a sobre uma superfície enfarinhada e sove levemente. Embrulhe em filme de PVC e refrigere por 1 hora.

3 Preaqueça o forno a 180°C. Coloque a massa em uma superfície enfarinhada e sove de novo até amaciá-la um pouco.

4 Abra a massa até que fique com 2 mm de espessura. Corte os biscoitos com o cortador e coloque-os em assadeiras antiaderentes. Asse na parte superior do forno por 10 minutos. Vire-os e asse por mais 5 minutos até dourarem.

5 Retire os biscoitos do forno e deixe-os nas assadeiras por 5 minutos antes de transferi-los para uma grade.

GUARDE Os biscoitos podem ser armazenados em recipiente hermético por até 5 dias.

Biscoito de cheddar

Apimentado, é ótimo para festas.

30 UNID | 10 MIN | 15 MIN | 8 SEM, S/ ASSAR

Tempo de refrigeração
1h

Utensílios
processador de alimentos (opcional)
cortador redondo de 6 cm
assadeiras antiaderentes

Ingredientes
50 g de manteiga sem sal em temperatura ambiente cortada em pedaços
100 g de farinha de trigo, mais um pouco para polvilhar
150 g de cheddar ralado fino
½ colher (chá) de páprica picante ou pimenta-de-caiena
1 gema

Preparo

1 Misture a manteiga e a farinha ou processe-as até obter uma mistura esfarelada. Acrescente o cheddar e a páprica e misture bem. Adicione a gema e misture tudo até obter uma massa.

2 Coloque-a sobre uma superfície enfarinhada e sove levemente para misturar os ingredientes. Embrulhe em filme de PVC e refrigere por 1 hora. Preaqueça o forno a 180°C. Novamente, coloque a massa sobre uma superfície enfarinhada e sove levemente para amaciá-la um pouco.

3 Abra a massa com uma espessura de 2 mm e corte os biscoitos. Coloque-os em várias assadeiras antiaderentes e asse na parte superior do forno por 10 minutos. Vire os biscoitos com uma espátula e asse por mais 5 minutos até que dourem dos dois lados.

4 Retire os biscoitos do forno e deixe-os nas assadeiras por 5 minutos antes de transferi-los para uma grade.

GUARDE Os biscoitos conservam-se em recipiente hermético por até 3 dias.

Palito de queijo

Um ótimo jeito de aproveitar as sobras de queijo duro.

15-20 UNID	10 MIN	15 MIN	12 SEM, S/ ASSAR

Tempo de refrigeração
1h

Utensílios
processador de alimentos (opcional)
assadeiras grandes antiaderentes
1 pincel

Ingredientes
75 g de farinha de trigo peneirada, mais um pouco para polvilhar
1 pitada de sal
50 g de manteiga sem sal em temperatura ambiente cortada em pedaços
30 g de cheddar ralado fino
1 gema
1 colher (chá) de mostarda de Dijon
1 ovo batido para pincelar

Preparo

1 Misture a farinha, o sal e a manteiga ou processe tudo até obter farelos. Adicione o cheddar e misture. Bata a gema com 1 colher (sopa) de água fria e a mostarda e junte à mistura. Trabalhe até obter uma massa.

2 Coloque-a sobre uma superfície enfarinhada e sove delicadamente. Envolva em filme de PVC e refrigere por 1 hora. Preaqueça o forno a 200°C. Quando estiver pronta para assar, sove a massa levemente pela segunda vez.

3 Abra um retângulo de 30 cm x 15 cm e 5 mm de espessura. Com uma faca afiada, corte tiras de 1 cm de largura, paralelas ao lado menor. Pincele as tiras com o ovo batido. Torça cada tira para fazer uma espiral, formando um palito retorcido.

4 Coloque em assadeiras antiaderentes (achate as pontas se notar que vão se desenrolar). Asse por 15 minutos, deixe esfriar e transfira para uma grade.

GUARDE Os palitos de queijo conservam-se em recipiente hermético por até 3 dias.

Oatcake

Originária da Escócia, combina bem com queijo e chutney. Como opção sem farinha, pode ser feita apenas com aveia (veja a Dica da Autora).

16 UNID | 20 MIN | 15 MIN | 4 SEM

Utensílios
assadeiras antiaderentes
cortador redondo de 6 cm

Ingredientes
100 g de flocos de aveia médios, mais um pouco para polvilhar
100 g de farinha de trigo integral, mais um pouco para polvilhar
¾ de colher (chá) de sal
pimenta-do-reino moída na hora
½ colher (chá) de bicarbonato de sódio
2 colheres (sopa) de azeite

Preparo

1 Preaqueça o forno a 180°C. Misture os ingredientes secos em uma tigela. Misture o azeite e 4 colheres (sopa) de água fervida. Faça uma cova no centro da mistura de farinha e despeje o líquido. Misture para formar uma massa grossa.

2 Polvilhe farinha e aveia em uma superfície. Sove a massa até obter uma consistência mais compacta. Abra a massa com uma espessura de 5 mm. Quando a massa é feita apenas com aveia (ver a Dica da Autora), fica mais delicada e quebra facilmente.

3 Corte o máximo de oatcakes possível, pois é difícil manter a massa ligada após essa primeira abertura. Se ficar difícil de ser manipulada, coloque-a de volta na tigela e acrescente 1 ou 2 gotas de água para ajudar a unir a massa de novo. Depois, abra-a novamente para fazer mais oatcakes.

4 Coloque as oatcakes em várias assadeiras e asse na parte superior do forno por 10 minutos. Vire-as de lado e asse por mais 5 minutos até que dourem dos dois lados. Retire os biscoitos do forno e deixe nas assadeiras por 5 minutos antes de transferi-los para uma grade.

GUARDE Podem ser armazenados em recipiente hermético por até 3 dias.

DICA DA AUTORA

Esses biscoitos escoceses podem ser feitos com uma mistura de aveia e farinha de trigo integral ou somente com aveia. Como a massa é mais delicada, deve ser manipulada com cuidado na hora de cortar.

pães e massas rápidos

Pão rápido

Esse pão leve tem textura semelhante à de um bolo e não precisa ser sovado.

1 UNID | 10-15 MIN | 35-40 MIN

Utensílios
1 assadeira antiaderente
1 pincel

Ingredientes
manteiga sem sal para untar
500 g farinha de trigo integral, mais um pouco para polvilhar
1½ colher (chá) de bicarbonato de sódio
1½ colher (chá) de sal
500 ml de leitelho (ver p. 192), mais um pouco se precisar

1 Preaqueça o forno a 200°C. Unte a assadeira com manteiga.

2 Peneire a farinha, o bicarbonato e o sal. Vire na tigela as sobras retidas na peneira.

3 Misture muito bem todos os ingredientes e faça uma cova no centro.

4 Adicione o leitelho aos poucos na cova.

5 Misture os ingredientes com as mãos até obter uma massa leve e um pouco grudenta.

6 Não amasse demais. Se ficar muito seca, adicione mais leitelho.

7 Coloque a massa sobre uma superfície enfarinhada e faça uma bola.

8 Coloque na assadeira e molde em formato arredondado com 5 cm de altura.

9 Faça um corte em cruz no alto na superfície da massa com 1 cm de profundidade.

10 Asse por 35-40 minutos no forno pré-aquecido até dourar.

11 Vire o pão e bata na base: se estiver pronto deverá emitir um som oco.

12 Transfira o pão para uma grade e deixe esfriar um pouco.

13 Corte em fatias ou em cunhas e sirva morno. Esse pão rápido é ótimo para fazer torradas.
GUARDE Pode ser armazenado em recipiente hermético por até 3 dias, embrulhado em papel.

Variações de Pão rápido

Pão de frigideira

Nessa versão, a massa é cortada em cunhas e frita em uma frigideira grande. A adição de farinha de trigo a deixa mais leve.

8 UNID | 5-10 MIN | 30-40 MIN

Utensílios
1 frigideira de ferro fundido com tampa
1 pincel

Ingredientes
375 g de farinha de trigo integral
125 g de farinha de trigo, mais um pouco para polvilhar
1½ colher (chá) de bicarbonato de sódio
1 colher (chá) de sal
375 ml de leitelho (ver p. 192)
manteiga sem sal derretida para untar

Preparo

1 Coloque as duas farinhas, o bicarbonato e o sal em uma tigela. Faça uma cova e verta o leitelho. Misture bem os ingredientes até obter uma massa macia e um pouco grudenta.

2 Vire a massa em uma superfície enfarinhada e modele um pão arredondado com 5 cm de altura. Corte a massa em oito cunhas.

3 Aqueça a frigideira em fogo médio. Pincele a frigideira com manteiga derretida. Coloque os pedaços de massa em duas levas, tampe e frite por 15-20 minutos, virando-os várias vezes até ficarem estufados e dourarem. Sirva mornos.

Pãozinho de chapa

Esse pão doce é crocante por fora e úmido por dentro.

20 UNID | 5-10 MIN | 20 MIN

Utensílios
1 chapa ou frigideira de ferro fundido
1 pincel

Ingredientes
250 g de farinha de trigo integral
1½ colher (chá) de bicarbonato de sódio
1½ colher (chá) de sal
90 g de flocos de aveia
3 colheres (sopa) de açúcar mascavo
600 ml de leitelho (ver p. 192)
manteiga sem sal derretida para untar

Preparo

1 Misture a farinha, o bicarbonato e o sal em uma tigela. Junte os flocos de aveia e o açúcar e faça uma cova. Adicione o leitelho na cova. Misture aos poucos até obter um creme homogêneo.

2 Esquente a chapa ou frigideira em fogo médio e pincele com manteiga derretida. Com uma concha pequena, despeje o equivalente a 2 colheres (sopa) do creme na superfície aquecida. Repita até formar 5-6 pães. Frite por cerca de 15 minutos até que o lado de baixo esteja dourado e crocante. Vire-os e faça o mesmo do outro lado por mais 5 minutos.

3 Transfira para um prato, cubra e mantenha quente. Continue com o restante do creme, pincelando a frigideira com mais manteiga sempre que necessário. Sirva mornos.

Pão rápido americano

Esse clássico pão doce pode ser feito rapidamente para o lanche da tarde.

1 UNID	10-15 MIN	50-55 MIN	ATÉ 8 SEM

Ingredientes

400 g de farinha de trigo, mais um pouco para polvilhar
1 colher (chá) de sal
2 colheres (chá) de fermento em pó
50 g de açúcar
1 colher (chá) de kümmel (opcional)
50 g de manteiga sem sal gelada cortada em cubos
100 g de uva-passa
150 ml de leitelho (ver p. 192)
1 ovo

Preparo

1 Preaqueça o forno a 180°C. Em uma tigela, misture a farinha, o sal, o fermento, o açúcar e, se usar, o kümmel. Junte a manteiga e misture bem até obter farelos finos. Adicione as uvas-passas e misture bem.

2 Bata o leitelho e o ovo. Faça uma cova na farinha e despeje o líquido, mexendo bem devagar até tudo ficar bem incorporado. Use as mãos no final para formar uma massa solta e macia.

3 Vire a massa em superfície enfarinhada e sove até uniformizar. Dê um formato arredondado com cerca de 15 cm e faça um corte em cruz na superfície da massa para que o pão possa crescer ao assar.

4 Coloque a massa em uma assadeira forrada com papel-manteiga e asse em temperatura média por 50-55 minutos até dourar e crescer bastante. Transfira para uma grade para esfriar por pelo menos 10 minutos antes de servir.

GUARDE É melhor consumir no mesmo dia, mas pode ser armazenado, bem embrulhado em papel, por até 2 dias. É ótimo como torradas.

Pão rápido de abóbora

A abóbora ralada mantém esse pão úmido por vários dias. É perfeito para acompanhar sopas.

1 UNID | 20 MIN | 50 MIN | ATÉ 8 SEM

Ingredientes

300 g de farinha de trigo, mais um pouco para polvilhar
100 g de farinha de trigo integral
1 colher (chá) de fermento em pó
1 colher (chá) de bicarbonato de sódio
½ colher (chá) de sal
120 g de polpa de abóbora ralada
30 g de semente de abóbora
300 ml de leitelho (ver p. 192)

1 Preaqueça o forno a 220°C. Misture as farinhas, o fermento, o bicarbonato e o sal.

2 Junte a abóbora ralada e as sementes e misture bem até uniformizar.

3 Faça uma cova e despeje o leitelho. Mexa bem.

4 Amasse a mistura até formar uma bola. Coloque sobre superfície enfarinhada.

5 Sove a massa por 2 minutos até ficar uniforme. Se necessário, coloque mais farinha.

6 Dê uma forma circular à massa (15 cm). Coloque na assadeira sobre papel-manteiga.

7 Corte uma cruz na superfície da massa para que o pão cresça ao assar.

8 Asse por 30 minutos na parte central do forno até crescer. Reduza para 200°C.

9 Asse por mais 20 minutos. O pão deve soar oco ao ser batido na base.

10 Transfira o pão para uma grade e deixe esfriar por pelo menos 20 minutos antes de servir.
GUARDE Pode ser armazenado, embrulhado em papel, por até 3 dias. Corte o pão em cunhas e sirva para acompanhar sopas e cozidos.

Variações de Pão rápido com legumes

Pão de batata-doce e alecrim

O aroma suave da erva é marcante nesses pães.

8 UNID | 20 MIN | 20-25 MIN | ATÉ 8 SEM

Ingredientes

300 g de farinha de trigo, mais um pouco para polvilhar
100 g de farinha de trigo integral
1 colher (chá) de fermento em pó
1 colher (chá) de bicarbonato de sódio
½ colher (chá) de sal
pimenta-do-reino moída na hora
140 g de batata-doce descascada e ralada
1 colher (chá) de alecrim picado
280 ml de leitelho (ver p. 192)

Preparo

1 Preaqueça o forno a 220°C. Forre uma assadeira com papel-manteiga. Misture as duas farinhas, o fermento, o bicarbonato, o sal e a pimenta. Pique a batata-doce ralada para reduzir ainda mais seu volume. Acrescente à tigela, junte o alecrim e misture bem.

2 Faça uma cova nos ingredientes secos. Despeje o leitelho na cova. Misture até obter uma massa macia. Amasse bem e faça uma bola. Sobre uma superfície enfarinhada, sove por 2 minutos até ficar uniforme. Se necessário, acrescente um pouco de farinha.

3 Divida a massa em oito pedaços e molde bolas. Achate a parte de cima das massas e faça um corte em cruz no centro para que a massa cresça ao assar.

4 Coloque os pães na assadeira e asse na parte central do forno por 20-25 minutos até dourarem e crescerem bastante. Transfira para uma grade e deixe esfriar por pelo menos 10 minutos antes de servir. São particularmente deliciosos quando ainda estão quentinhos.

GUARDE Podem ser armazenados, embrulhados em papel por até 3 dias.

Pão de abobrinha e avelã

Essa receita rápida e fácil tem sabor e textura especiais.

1 UNID | 20 MIN | 50 MIN | ATÉ 8 SEM

Ingredientes

300 g de farinha de trigo, mais um pouco para polvilhar
100 g de farinha de trigo integral
1 colher (chá) de fermento em pó
1 colher (chá) de bicarbonato de sódio
½ colher (chá) de sal
50 g de avelã picada
150 g de abobrinha ralada
280 ml de leitelho (ver p. 192)

Preparo

1 Preaqueça o forno a 220°C. Forre uma assadeira com papel-manteiga. Em uma tigela, junte as farinhas, o fermento, o bicarbonato, o sal e as avelãs. Acrescente a abobrinha ralada e misture bem.

2 Faça uma cova nos ingredientes secos e despeje o leitelho. Trabalhe os ingredientes até formar uma massa solta. Coloque sobre uma superfície enfarinhada e sove por 2 minutos até uniformizar. Se necessário, acrescente mais farinha.

3 Modele a massa em um formato arredondado de 15 cm de diâmetro. Faça um corte em cruz na superfície para que a massa cresça ao assar.

4 Coloque na assadeira na parte central do forno e asse por 30 minutos. Reduza a temperatura para 200°C e deixe mais 20 minutos até crescer bem e dourar. Insira um palito no centro do pão. Se sair limpo, estará pronto. Transfira para uma grade e deixe esfriar por pelo menos 20 minutos antes de servir.

GUARDE Pode ser armazenado, embrulhado em papel, por até 3 dias.

Pão de mandioquinha e parmesão

Uma combinação perfeita de sabores para acompanhar uma sopa em um dia de inverno.

1 UNID | 20 MIN | 50 MIN | ATÉ 8 SEM

Ingredientes

300 g de farinha de trigo, mais um pouco para polvilhar
100 g de farinha de trigo integral
1 colher (chá) de fermento em pó
1 colher (chá) de bicarbonato de sódio
½ colher (chá) de sal
pimenta-do-reino moída na hora
50 g de parmesão ralado fino
150 g de mandioquinha ralada grosseiramente
300 ml de leitelho (ver p. 192)

Preparo

1 Preaqueça o forno a 220°C. Forre a assadeira com papel-manteiga. Em uma tigela, misture as farinhas, o fermento, o bicarbonato, o sal, a pimenta e o parmesão. Pique a mandioquinha ralada para reduzir ainda mais seu volume. Junte à mistura e mexa bem.

2 Faça uma cova nos ingredientes secos e despeje o leitelho. Trabalhe os ingredientes para obter uma massa solta. Amasse bem e faça uma bola. Coloque sobre superfície enfarinhada e sove por 2 minutos, para deixá-la bem macia. Se necessário, adicione mais farinha.

3 Dê formato arredondado com cerca de 15 cm de diâmetro. Faça um corte em cruz para que a massa cresça ao assar.

4 Coloque na assadeira e asse na parte central do forno por 30 minutos até formar uma crosta. Reduza a temperatura para 200°C e asse por mais 20 minutos, até que o pão cresça bastante e doure. Insira um palito no centro. Se sair limpo, estará pronto. Transfira para uma grade e deixe esfriar por pelo menos 20 minutos antes de servir.

GUARDE Pode ser armazenado, por até 3 dias, embrulhado em papel.

Pão de milho

Essa tradicional receita norte-americana é rápida e fácil de fazer e costuma acompanhar sopas e ensopados.

8 PORÇÕES | 15-20 MIN | 20-25 MIN

Utensílios

1 frigideira de ferro fundido de 23 cm de diâmetro que possa ir ao forno ou 1 fôrma redonda de fundo removível com as mesmas dimensões
1 pincel

Ingredientes

60 g de manteiga sem sal ou gordura de bacon derretida e fria, mais um pouco para untar
2 espigas de milho frescas (cerca de 200 g de grãos de milho)
150 g de fubá
125 g de farinha de trigo
50 g de açúcar
1 colher (sopa) de fermento em pó
1 colher (chá) de sal
2 ovos
250 ml de leite

1 Preaqueça o forno a 220°C. Unte a frigideira com a manteiga e coloque-a no forno.

2 Retire os grãos de milho das espigas e raspe-as com a parte cega da faca.

3 Peneire juntos o fubá, a farinha, o açúcar, o fermento e o sal. Junte o milho.

4 Bata os ovos, a manteiga (ou a gordura do bacon derretida) e o leite.

5 Coloque três quartos da mistura de leite na mistura de farinha com milho.

6 Misture bem e junte o restante da mistura de leite. Mexa até uniformizar.

7 Com cuidado, tire a frigideira do forno e despeje a massa; ela deve chiar ao recebê-la.

8 Pincele com manteiga ou gordura de bacon. Asse por 20-25 minutos.

9 O pão deve encolher junto às bordas. Se inserir um palito e ele sair seco, está pronto.

10 Deixe o pão esfriar um pouco em uma grade. Sirva morno com sopa, chili com carne ou frango frito. O pão de milho não fica bom no dia seguinte, mas as sobras podem ser usadas para rechear um frango assado.

Variações de Pão de milho

Muffin de milho com pimentão vermelho

No espírito do Velho Oeste norte-americano, o pimentão vermelho e adocicado é grelhado, picado e misturado à massa de milho. Asse em fôrmas para muffin para levá-los a piqueniques ou para acompanhar almoços rápidos.

12 UNID | 20 MIN | 15-20 MIN

Utensílios

1 grelha
12 forminhas para muffin

Ingredientes

1 pimentão vermelho grande
150 g de fubá
125 g de farinha de trigo
1 colher (sopa) de açúcar
1 colher (sopa) de fermento em pó
1 colher (chá) de sal
2 ovos
60 g de manteiga sem sal ou gordura de bacon derretida e fria, mais um pouco para untar
250 ml de leite

Preparo

1 Esquente a grelha em fogo alto e coloque o pimentão para grelhar. Vire-o, quando necessário, até que a pele escureça e forme bolhas. Feche-o em uma sacola plástica e deixe esfriar. Retire a pele e corte o pimentão ao meio, tirando o miolo com as sementes. Pique em pedacinhos.

2 Preaqueça o forno a 220°C. Unte as forminhas e coloque no forno para esquentar. Misture o fubá, a farinha, o açúcar, o fermento e o sal em uma tigela e faça uma cova.

3 Em outra tigela, misture os ovos, a manteiga (ou a gordura de bacon derretida) e o leite. Despeje três quartos dessa mistura na cova e mexa bem. Misture os ingredientes, acrescentando o restante do líquido, até uniformizar. Junte as tirinhas de pimentão.

4 Retire a fôrma do forno e encha as cavidades com massa. Asse por 15-20 minutos até que ela comece a encolher nas bordas e, ao inserir um palito, ele saia limpo. Desenforme os muffins e deixe--os esfriar.

PREPARE ANTES É melhor servi-los ainda mornos, mas podem ser feitos com até 1 dia de antecedência e armazenados envoltos em papel. Se possível, reaqueça-os no forno antes de servir.

Pão de milho à moda do Sul dos EUA

Essa outra receita tradicional norte-americana é servida como acompanhamento de churrascos, sopas e ensopados. Algumas receitas autênticas do Sul dos Estados Unidos dispensam o mel. ▶

8 PORÇÕES | 10-15 MIN | 25-35 MIN

Utensílios

1 fôrma redonda de fundo removível de 18 cm ou frigideira de ferro fundido com as mesmas dimensões que possa ir ao forno

Ingredientes

250 g de fubá
2 colheres (chá) de fermento em pó
½ colher (chá) de sal
2 ovos grandes
250 ml de leitelho (ver p. 192)
50 g de manteiga sem sal ou gordura de bacon derretida e fria, mais um pouco para untar
1 colher (sopa) de mel (opcional)

Preparo

1 Preaqueça o forno a 220°C. Unte a fôrma e coloque no forno. Em uma tigela, misture o fubá, o fermento e o sal. À parte, bata os ovos e o leitelho.

2 Faça uma cova na farinha, despeje os líquidos e mexa bem. Junte a manteiga ou a gordura de bacon derretida e o mel (se usar). Misture bem.

3 Retire a fôrma do forno e despeje a mistura. A fôrma deverá estar quente o suficiente para chiar nesse momento, pois isso garantirá a crosta característica do pão de milho.

4 Asse na parte central do forno por 20-25 minutos até o pão crescer bem e dourar nas bordas. Deixe esfriar por 5 minutos antes de desenformar. Corte em fatias e sirva como acompanhamento.

PREPARE ANTES É melhor servi-lo recém--saído do forno, mas pode ser feito com até 1 dia de antecedência e armazenado envolto em papel. Reaqueça no forno antes de servir.

EXPERIMENTE TAMBÉM

Pão de milho com pimenta e coentro Acrescente uma pimenta vermelha sem sementes e picada e 4 colheres (sopa) de coentro picado com o mel.

DICA DA AUTORA

O sabor característico dessa tradicional receita de pão de milho se deve ao uso de gordura de bacon derretida incorporada à massa. Nas cozinhas do Sul dos Estados Unidos é muito comum guardar essa gordura em vidros para usar em diversas receitas.

Biscoito de leitelho

Favorito no sul dos Estados Unidos, é servido no café da manhã com algum tipo de cobertura doce ou acompanhando linguiça e molho.

12 UNID | 10 MIN | 15 MIN | ATÉ 4 SEM

Utensílios
1 cortador redondo de 6 cm
1 assadeira antiaderente
1 pincel

Ingredientes
250 g de farinha de trigo com fermento
1 colher (chá) de fermento em pó
½ colher (chá) de sal
100 g de manteiga sem sal em temperatura ambiente
100 ml de leitelho, mais um pouco para pincelar
1 colher (sopa) de mel

Preparo

1 Preaqueça o forno a 200°C. Peneire a farinha e o fermento em uma tigela e junte o sal. Adicione a manteiga e misture os ingredientes com a ponta dos dedos até obter farelos finos.

2 Faça uma cova na mistura e coloque o leitelho e o mel. Misture bem até obter uma massa espessa. Coloque sobre uma superfície enfarinhada e faça uma bola de massa uniforme. Não amasse muito para que os biscoitos não fiquem duros (veja a Dica da Autora).

3 Abra a massa com 2 cm de espessura e corte com o cortador. Junte as sobras de massa, abra de novo e corte mais biscoitos, até usá-la toda.

4 Coloque os círculos de massa em uma assadeira antiaderente e pincele a superfície com leitelho para dourarem. Asse na parte superior do forno por 15 minutos até crescerem bastante e dourarem. Retire do forno e esfrie por 5 minutos em uma grade. Sirva mornos.

GUARDE Os biscoitos podem ser armazenados em recipiente hermético por até 1 dia e reaquecidos no forno antes de servir.

DICA DA AUTORA

Como os scones, os biscoitos de leitelho podem endurecer se a massa for manipulada em excesso. Para evitar que isso aconteça, misture os ingredientes com delicadeza e pare assim que formar a massa. Ao abri-la, tente cortar o número máximo de biscoitos, pois os das levas seguintes serão mais duros.

Panqueca americana de mirtilo

A adição de mirtilo à massa quase pronta faz com que as frutas se mantenham inteiras e não queimem.

30 UNID | 10 MIN | 15-20 MIN

Ingredientes

30 g de manteiga sem sal, mais um pouco para servir
2 ovos grandes
200 g de farinha de trigo com fermento
1 colher (chá) de fermento em pó
40 g de açúcar
250 ml de leite
1 colher (chá) de extrato de baunilha
150 g de mirtilo
maple syrup ou mel para servir

1 Derreta a manteiga em uma panela pequena e deixe esfriar.

2 Bata bem os ovos com um garfo em uma tigela pequena e reserve.

3 Peneire a farinha e o fermento, levantando bastante a peneira para aerar a mistura.

4 Misture bem o açúcar à farinha, para que a doçura seja igual em todas as panquecas.

5 Em uma jarra, junte o leite, os ovos batidos e a baunilha e misture bem.

6 Abra uma cova nos ingredientes secos com uma colher de metal.

7 Despeje um pouco da mistura de ovos na cova e comece a bater.

8 Vá adicionando o líquido aos poucos, batendo bem depois de cada adição.

9 Junte a manteiga derretida e continue batendo até que a massa fique homogênea.

10 Derreta um pouco de manteiga em uma frigideira antiaderente sobre fogo médio.

11 Coloque 1 colher (sopa) da massa na frigideira, formando uma panqueca redonda.

12 Continue a distribuir a massa na frigideira, deixando espaço para que se espalhe.

13 Quando as panquecas começarem a fritar, espalhe mirtilos sobre a superfície.

14 Estão no ponto de virar quando surgirem bolhas que estouram, deixando buraquinhos.

15 Usando uma espátula, vire as panquecas cuidadosamente.

16 Frite por mais 1-2 minutos até ficarem cozidas e dourarem dos dois lados.

17 Retire as panquecas da frigideira e coloque sobre papel-toalha.

18 Transfira para um prato refratário e deixe no forno levemente aquecido.

19 Limpe a frigideira com papel-toalha e adicione mais um pouco de manteiga.

20 Repita o procedimento para várias levas, sempre limpando a frigideira entre cada uma.

21 Tire as panquecas do forno. Sirva quentes com manteiga e mel.

PANQUECA AMERICANA DE MIRTILO

Variações de Panqueca americana

Panqueca de canela

Aproveite qualquer sobra de panqueca com esta cobertura.

8 UNID | 10 MIN | 5 MIN

Utensílio
1 forno elétrico com resistência na parte superior

Ingredientes
1 colher (chá) de canela em pó
4 colheres (sopa) de açúcar
8 sobras de panqueca (ver receita pp. 132-3)
25 g de manteiga sem sal derretida
iogurte grego para servir (opcional)

Preparo

1 Preaqueça o forno na temperatura máxima. Misture a canela e o açúcar em um prato. Pincele as panquecas com manteiga derretida dos dois lados e pressione-as sobre a mistura de açúcar e canela. Balance a fôrma para retirar o excesso.

2 Coloque as panquecas em uma assadeira e coloque no forno quente até que o açúcar borbulhe e derreta. Deixe por 1 minuto antes de virá-las. Sirva quentes, sozinhas ou com iogurte, em um lanchinho no meio da tarde.

DICA DA AUTORA

As panquecas norte-americanas são um excelente quebra-galho. A receita é fácil de lembrar depois de preparar algumas vezes. São ótimas no café da manhã ou como sobremesa acompanhadas de morango, calda de chocolate, banana e iogurte. Experimente várias coberturas.

Panqueca pingada

Nessa receita, a massa deve pingar sobre a frigideira.

12 UNID | 10 MIN | 15 MIN | ATÉ 4 SEM

Utensílio
1 frigideira antiaderente

Ingredientes
225 g de farinha de trigo
4 colheres (chá) de fermento em pó
1 ovo grande
2 colheres (chá) de glicose de milho
200 ml de leite, mais um pouco, se necessário
óleo vegetal

Preparo

1 Coloque uma frigideira antiaderente sobre fogo médio. Dobre um pano ao meio e coloque sobre uma assadeira.

2 Peneire a farinha e o fermento em uma tigela. Faça uma cova e adicione o ovo, a glicose de milho e o leite. Misture bem para obter uma massa uniforme e cremosa. Se ficar muito espessa, acrescente mais leite.

3 Verifique se a frigideira está quente, colocando um pouco de farinha; ela deverá dourar lentamente. Se queimar, a superfície está quente demais e precisa esfriar um pouco. Quando a temperatura estiver certa, remova a farinha e passe um pedaço de papel-toalha umedecido com óleo sobre a superfície. Use luvas térmicas.

4 Deixe cair a massa na frigideira da ponta de uma colher (sopa). A forma deve ser arredondada. Repita com mais massa, deixando espaço entre um disco e outro.

5 Quando aparecerem bolhas na superfície das panquecas, vire-as delicadamente. Quando prontas, coloque-as dentro do pano dobrado para mantê-las macias enquanto frita o restante.

6 Coloque óleo na frigideira depois de fritar cada leva e vigie a temperatura. Se as panquecas ficarem muito claras, aumente o fogo; se dourarem muito rápido, reduza-o. Sirva imediatamente.

Panqueca com banana, iogurte e mel

Empilhe várias para servir em um café da manhã especial. ▶

6 PORÇÕES | 10 MIN | 15-20 MIN

Utensílio
1 frigideira antiaderente

Ingredientes
200 g de farinha de trigo com fermento
1 colher (chá) de fermento em pó
40 g de açúcar
250 ml de leite integral
2 ovos grandes batidos
½ colher (chá) de extrato de baunilha
30 g de manteiga sem sal derretida fria, mais um pouco para fritar
2-3 bananas
200 g de iogurte grego
mel para servir

Preparo

1 Peneire a farinha e o fermento em uma tigela e junte o açúcar. Em uma jarra, bata o leite, os ovos e a baunilha. Faça uma cova na farinha e, aos poucos, despeje o líquido. Junte a manteiga derretida e misture tudo até uniformizar.

2 Derreta um pouco de manteiga em uma frigideira antiaderente. Coloque colheradas da massa na frigideira, deixando espaço, pois se espalhará até uns 10 cm de diâmetro. Frite as panquecas em fogo médio. Vire-as quando bolhas aparecerem e estourarem na superfície. Frite por mais 1-2 minutos até dourarem.

3 Fatie as bananas na diagonal e depois corte pedaços de 5 cm de comprimento. Coloque uma panqueca morna no prato e, por cima, uma colherada de iogurte e pedaços de banana. Cubra com outra panqueca e mais iogurte e mel. Termine com uma terceira panqueca coberta com uma colherada de iogurte e bastante mel.

Crumpet

Para servir no café da manhã ou no lanche da tarde, fica ótimo com coberturas doces ou salgadas. Pode ser reaquecido mais tarde.

8 UNID | 10 MIN | 20-26 MIN | ATÉ 4 SEM

Utensílios

4 aros de metal de 10 cm de diâmetro
1 frigideira grande

Ingredientes

250 g de farinha de trigo
½ colher (chá) de fermento biológico seco
175 ml de leite morno
½ colher (chá) de sal
½ colher de bicarbonato de sódio
óleo vegetal para untar

Preparo

1 Misture a farinha e o fermento e adicione o leite e 175 ml de água morna. Deixe descansar por 2 horas ou até que bolhas surjam e comecem a diminuir. Misture o sal e o bicarbonato em 2 colheres (sopa) de água morna e misture à massa. Deixe descansar por 5 minutos.

2 Unte os aros de metal com óleo. Unte uma frigideira grande com óleo e coloque os aros sobre ela.

3 Coloque a massa em uma jarra. Esquente a frigideira em fogo médio e despeje a massa em cada aro até atingir 1-2 cm de altura. Frite os crumpets por 8-10 minutos até a massa crescer. Se não aparecer nenhuma bolha é porque a mistura está muito seca, então será necessário acrescentar um pouco de água ao restante da massa.

4 Tire os aros dos crumpets, vire-os e frite por mais 2-3 minutos até dourarem. Repita o procedimento com o restante da massa. Sirva mornos ou reaqueça, se for servi-los mais tarde.

DICA DA AUTORA

Os pequenos furos dos crumpets são o seu ponto forte, pois absorvem a manteiga ou a geleia. A fermentação produz as bolhas conforme os crumpets são fritos, formando os furinhos. Os crumpets caseiros costumam ter menos furos, mas não deixam de ser saborosos e reter as coberturas também.

Crepe Suzette

Nesse clássico francês, os crepes flambados pouco antes de serem servidos oferecem um verdadeiro espetáculo.

6 PORÇÕES | 40–50 MIN | 45–60 MIN

Tempo de descanso
30 min

Utensílios
1 frigideira antiaderente
1 batedeira

Ingredientes

Crepe
175 g de farinha de trigo peneirada
1 colher (sopa) de açúcar
½ colher (chá) de sal
4 ovos
375 ml de leite, mais um pouco se necessário
90 g de manteiga sem sal derretida e fria, mais um pouco se necessário

Manteiga de laranja
175 g de manteiga sem sal em temperatura ambiente
30 g de açúcar de confeiteiro
3 laranjas grandes (raspas finas de 2 laranjas e tiras finas de 1 laranja)
1 colher (sopa) de licor de laranja

Flambagem
75 ml de brandy
75 ml de licor de laranja

1 Misture a farinha, o açúcar e o sal. Faça uma cova. Junte os ovos e metade do leite.

2 Bata bem os ingredientes. Junte metade da manteiga e misture até uniformizar.

3 Junte o leite restante e bata até obter um creme. Cubra e deixe por 30 minutos.

4 Manteiga de laranja: bata a manteiga e o açúcar de confeiteiro na batedeira.

5 Corte a casca e a parte branca das laranjas.

6 Corte os lados dos gomos para soltá-los. Reserve.

7 Junte as raspas, 2 colheres (sopa) do suco e o licor à manteiga. Bata bem.

8 Coloque as tiras de laranja em água fervente e cozinhe em fogo baixo por 2 minutos. Coe.

9 Coloque um pouco de manteiga derretida em uma frigideira em fogo médio-alto.

10 Coloque o equivalente a 2-3 colheres (sopa) de massa na frigideira e espalhe-a.

11 Frite por 1 minuto e solte com a espátula. Vire e frite por mais 30-60 segundos.

12 Repita até fazer doze crepes, acrescentando manteiga somente se a massa grudar.

13 Passe manteiga de laranja nos crepes. Aqueça a frigideira em fogo médio.

14 Coloque-os com o lado untado para baixo. Frite por 1 minuto e dobre em quatro.

15 Ajeite os crepes na frigideira. Aqueça o brandy e o licor e despeje sobre os crepes.

16 Com muito cuidado, aproxime um fósforo aceso. Flambe até as chamas diminuírem.

17 Divida os crepes em pratos aquecidos e coloque o molho da frigideira por cima.

18 Sirva com os gomos e as tirinhas. **PREPARE ANTES** Crepes sem recheio podem ser feitos com até 3 dias de antecedência e refrigerados (separados por papel-manteiga e embrulhados).

Variações de Crepe

Galette de trigo-sarraceno

Esses crepes saborosos são muito populares na Bretanha, região francesa cuja cozinha é definida por sabores intensos e rústicos.

4 PORÇÕES | 25 MIN | 25-30 MIN | ATÉ 12 SEM, S/ RECHEIO

Tempo de descanso
2h

Utensílios
1 frigideira antiaderente
1 assadeira antiaderente

Ingredientes

Galette
75 g de farinha de trigo-sarraceno
75 g de farinha de trigo
2 ovos batidos
250 ml de leite
óleo de girassol para untar

Recheio
2 colheres (sopa) de óleo de girassol
2 cebolas roxas finamente fatiadas
200 g de presunto defumado picado
1 colher (chá) de tomilho
115 g de queijo brie em pedaços pequenos
100 ml de creme de leite fresco

Preparo

1 Peneire as farinhas em uma tigela, faça uma cova e junte os ovos. Misture com uma colher de pau. Adicione o leite e 100 ml de água e mexa até uniformizar. Cubra e deixe descansar por 2 horas.

2 Esquente o óleo para o recheio em uma frigideira, junte as cebolas e refogue até ficarem macias. Acrescente o presunto e o tomilho. Retire do fogo e reserve.

3 Preaqueça o forno a 150°C. Coloque uma frigideira em fogo médio e unte-a. Coloque 2 colheres (sopa) de massa e gire a frigideira para que a massa se espalhe. Frite por 1 minuto ou até dourar ligeiramente por baixo. Vire o crepe e frite por mais 1 minuto. Faça mais sete crepes, colocando mais óleo na frigideira sempre que necessário.

4 Junte o queijo brie e o creme de leite fresco ao recheio e divida-o entre os crepes. Enrole ou dobre e coloque em uma assadeira. Leve ao forno por 10 minutos antes de servir.

PREPARE ANTES Faça a massa algumas horas antes e deixe descansar até ficar pronta para fritar. Se ficar muito espessa, adicione um pouco de água e misture.

Panqueca assada de espinafre, pancetta e ricota

Experimente fazer com massa pronta para um jantar rápido.

4 PORÇÕES | 30 MIN | 35 MIN | 12 SEM, S/ ASSAR

Tempo de descanso
30 minutos

Utensílios
1 frigideira antiaderente
1 fôrma refratária baixa de 25 cm x 32 cm

Ingredientes

Massa
175 g de farinha de trigo
½ colher (chá) de sal
250 ml de leite integral, mais um pouco se necessário
4 ovos
50 g de manteiga sem sal derretida e fria, mais um pouco para fritar e untar

Recheio
50 g de pinhole
2 colheres (chá) de azeite extravirgem
1 cebola roxa finamente picada
100 g de pancetta fatiada
2 dentes de alho amassados
300 g de espinafre lavado e seco
250 g de ricota
3-4 colheres (sopa) de creme de leite fresco
sal e pimenta-do-reino moída na hora

Molho
350 ml de creme de leite fresco
60 g de parmesão ralado fino

Preparo

1 Panqueca: misture a farinha e o sal e faça uma cova. Bata o leite e os ovos à parte e despeje, aos poucos, na cova. Misture bem. Junte a manteiga e bata até uniformizar e obter uma consistência fluida. Se necessário, acrescente mais leite. Coloque em uma jarra, cubra com filme de PVC e deixe descansar por 30 minutos.

2 Recheio: toste os pinholes em uma frigideira em fogo médio e reserve.

3 Coloque o azeite na frigideira e refogue as cebolas por 3 minutos. Junte a pancetta e frite em fogo médio por mais 5 minutos até ficar crocante e dourar. Acrescente o alho e refogue por mais 1 minuto. Aos poucos, junte o espinafre e deixe até começar a murchar. Retire do fogo.

4 Escorra bem o espinafre preparado em uma peneira. Coloque-o em uma tigela, adicione os pinholes e misture com a ricota e o creme de leite. Tempere com sal e pimenta e reserve.

5 Derreta um pouco de manteiga em uma frigideira antiaderente. Quando começar a chiar, tire o excesso com um papel-toalha. Coloque 1 concha de massa de panqueca na frigideira e vire-a para que a massa se espalhe. Frite por 2 minutos de cada lado, virando assim que o primeiro lado dourar. Coloque as panquecas prontas em um prato e continue até a massa acabar, adicionando um pouco mais de manteiga sempre que necessário. Rende cerca de dez panquecas.

6 Preaqueça o forno a 200°C. Coloque 2 colheres (sopa) de recheio no meio de uma panqueca e espalhe com as costas da colher em uma camada fina. Enrole a panqueca. Unte a fôrma refratária e coloque as panquecas enroladas lado a lado.

7 Molho: aqueça o creme de leite fresco e, antes de ferver, junte quase todo o parmesão. Mexa até o queijo derreter e cozinhe em fogo baixo até encorpar. Tempere e distribua sobre as panquecas. Cubra com o queijo reservado.

8 Coloque na parte superior do forno por 20 minutos e deixe até dourar. Retire do forno e sirva imediatamente.

PREPARE ANTES Prepare as panquecas até o final do passo 6, cubra e refrigere por até 2 dias antes de finalizar o molho e gratinar conforme descrito.

Bolo sueco de panqueca

Faça os crepes o mais finos que puder para montar essa sobremesa suntuosa – atraente para um aniversário de criança.

6-8 PORÇÕES | 10 MIN | 15 MIN

Ingredientes

6 panquecas feitas com ½ massa para crepe (ver pp. 140-1, passos 1-3 e 10-2)
450 ml de creme de leite fresco
3 colheres (sopa) de açúcar
¼ de colher (chá) de extrato de baunilha
250 g de framboesa
açúcar de confeiteiro para polvilhar

Preparo

1 Bata o creme de leite até firmar. Misture-o bem com o açúcar e a baunilha. Reserve 4 colheres (sopa).

2 Separe um punhado de framboesas inteiras e amasse delicadamente as restantes com um garfo. Junte ao creme de leite batido dando um efeito mesclado, não uniforme.

3 Coloque uma panqueca sobre um prato, espalhe ⅕ do creme de framboesa e cubra com a segunda panqueca. Continue a empilhar as panquecas alternadas com o creme.

4 Decore a parte de cima com o creme reservado, espalhe as framboesas inteiras, polvilhe com o açúcar de confeiteiro e sirva.

DICA DA AUTORA

Essa receita é extremamente versátil. Experimente com morango picado e mirtilo: ficará igualmente deliciosa. Na Suécia, a geleia de lingonberry (semelhante ao molho doce de cranberry) costuma ser usada como um substituto para a fruta fresca.

Panqueca Staffordshire

Essas panquecas de aveia podem ter recheios doces ou salgados. Sirva dobradas ao meio, enroladas ou empilhadas, e depois cortadas em quatro.

10 UNID | 10 MIN | 15 MIN

Tempo de descanso
1-2h

Utensílios
1 frigideira antiaderente
2 fôrmas refratárias
forno elétrico

Ingredientes
200 g de farinha de aveia
100 g de farinha de trigo integral
100 g de farinha de trigo
½ colher (chá) de sal
2 colheres (chá) de fermento biológico seco
300 ml de leite
manteiga sem sal para fritar

Recheio
250 g de queijo ralado (cheddar ou similar)
20 fatias de bacon

Preparo

1 Peneire a farinha de aveia, as farinhas de trigo e o sal. Dissolva o fermento em 400 ml de água morna, mexa bem e junte o leite. Abra uma cova nos ingredientes secos e despeje o fermento dissolvido.

2 Misture bem para obter uma massa uniforme. Cubra e deixe descansar por 1-2 horas até que apareçam bolhas pequenas na superfície da massa.

3 Derreta um pouco de manteiga em uma frigideira antiaderente e, quando começar a chiar, retire o excesso com papel-toalha.

4 Despeje 1 concha de massa no centro da frigideira. Incline-a para que a mistura se espalhe por toda a superfície o mais rápido possível, formando uma camada fina.

5 Frite as panquecas por 2 minutos de cada lado, virando-as quando as bordas estiverem firmes e o lado de baixo dourar. Coloque as panquecas prontas na travessa refratária e deixe em local aquecido. Continue fritando porções até acabar a massa.

6 Preaqueça o forno elétrico na temperatura máxima e grelhe o bacon no outro refratário. Espalhe um pouco de queijo sobre cada panqueca.

7 Coloque cada panqueca no forno elétrico por 1-2 minutos até o queijo derreter. Depois, ponha por cima 2 fatias de bacon grelhado, enrole e sirva.

DICA DA AUTORA

Essas tradicionais panquecas salgadas de aveia são ideais para servir em um café da manhã reforçado de vez em quando. Para agilizar, a massa pode ser preparada na noite anterior e conservada, coberta, na geladeira.

Blini

Essas panquecas são originárias da Rússia. Sirva como canapés ou, em tamanhos maiores, com peixe defumado e creme de leite fresco batido.

48 UNID | 20 MIN | 15 MIN | ATÉ 8 SEM

Tempo de descanso
2h

Utensílios
1 frigideira antiaderente

Ingredientes
1½ colher (chá) de fermento biológico seco
200 ml de leite quente
100 g sour cream (ver p.90)
100 g de farinha de trigo-sarraceno
100 g de farinha de trigo
½ colher (chá) de sal
2 ovos, claras e gemas separadas
50 g de manteiga sem sal derretida e fria, mais um pouco para fritar
sour cream, salmão defumado, cebolinha-francesa e pimenta-do-reino moída na hora para servir (opcional)

Preparo

1 Dissolva o fermento no leite quente e bata bem. Misture ao sour cream e reserve.

2 Em uma tigela, misture as farinhas e o sal. Faça uma cova no centro e despeje, aos poucos, a mistura líquida, batendo bem depois de cada adição. Junte as gemas e continue a bater. Adicione a manteiga e misture até uniformizar.

3 Cubra a tigela com filme de PVC e deixe descansar por, pelo menos, 2 horas ou até que comecem a aparecer bolhas na superfície.

4 Bata as claras em neve e junte-as à mistura. Mexa com cuidado até uniformizar. Transfira a massa para uma jarra.

5 Aqueça um pouco de manteiga em uma frigideira antiaderente. Despeje a massa na frigideira, 1 colher (sopa) por vez, para fazer pequenos blinis de cerca de 6 cm de diâmetro. Frite por 1-2 minutos em fogo médio até surgirem bolhas na superfície. Quando estourarem, vire os blinis e frite por mais 1 minuto do outro lado. Transfira para um prato aquecido, cubra com um pano e continue até a massa acabar. Coloque mais manteiga sempre que a frigideira secar.

6 Sirva os blinis ainda mornos com o sour cream e o salmão defumado, temperados com pimenta-do-reino e cebolinha-francesa picada por cima, como um delicioso canapé. Também podem ser embrulhados em papel-alumínio e reaquecidos no forno em temperatura média por 10 minutos antes de servir.

PREPARE ANTES Os blinis podem ser feitos com até 3 dias de antecedência e armazenados em recipiente hermético na geladeira. Depois de reaquecê-los, siga a partir do passo 6.

DICA DA AUTORA

A massa dos blinis é fácil de fazer, mas pode ser difícil deixá-los perfeitamente circulares e pequenos para servir como canapés. Despeje a massa no centro do que será o blini e use as costas de uma colher para impedir que caiam pingos da jarra.

Clafoutis de cereja

Nessa sobremesa francesa com creme de ovos, a massa é assada até as frutas maduras começarem a abrir.

6 PORÇÕES | 12 MIN | 35-45 MIN

Tempo de descanso
30 min

Utensílios
1 fôrma redonda para torta ou fôrma refratária redonda de 25 cm

Ingredientes
3 colheres (sopa) de kirsch
750 g de cereja
75 g de açúcar
manteiga sem sal para untar
4 ovos grandes
1 fava de baunilha ou 1 colher (chá) de extrato de baunilha
100 g de farinha de trigo
300 ml de leite
1 pitada de sal
açúcar de confeiteiro para polvilhar
creme de leite fresco batido ou sorvete de creme para servir (opcional)

1 Misture o kirsch, as cerejas e 2 colheres (sopa) de açúcar. Deixe por 30 minutos.

2 Preaqueça o forno a 200°C. Unte a fôrma com manteiga e reserve.

3 Coe o kirsch em uma tigela grande e reserve as cerejas.

4 Batendo bem, junte ao kirsch os ovos e, se usar, a baunilha.

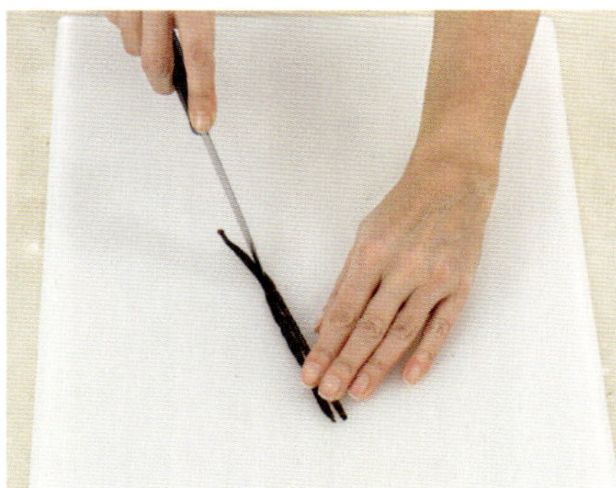

5 Se usar a fava de baunilha, corte-a no sentido do comprimento.

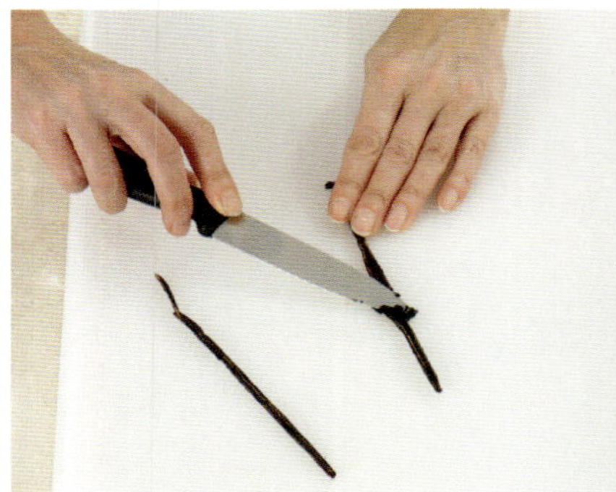

6 Com a ponta de uma faca, raspe a fava para retirar todas as sementes.

7 Adicione as sementes à mistura de ovos e kirsch e misture bem.

8 Acrescente o açúcar restante e misture bem para uniformizar.

9 Peneire a farinha em uma tigela. A peneira deve ficar alta para que a farinha incorpore ar.

10 Junte a farinha à mistura de ovos até obter uma massa uniforme.

11 Despeje o leite, junte o sal e mexa novamente até uniformizar.

12 Distribua as cerejas na fôrma, fazendo uma única camada.

13 Despeje a massa lentamente sobre as cerejas com cuidado até preencher a fôrma.

14 Asse por 35-45 minutos ou até dourar e o centro ficar firme ao toque.

15 Deixe esfriar em uma grade, polvilhe com o açúcar de confeiteiro e desenforme.

16 Sirva o clafoutis morno ou em temperatura ambiente, acompanhado de bastante chantili ou sorvete de creme.

Variações de Clafoutis

Sapo no buraco

Esse é o nome da versão britânica salgada do clafoutis.

4 PORÇÕES | 20 MIN | 35-40 MIN

Tempo de descanso
30 min

Utensílio
1 assadeira ou fôrma refratária baixa

Ingredientes
125 g de farinha de trigo
1 pitada de sal
2 ovos
300 ml de leite
2 colheres (sopa) de óleo vegetal
8 linguiças de boa qualidade

Preparo

1 Massa: junte a farinha e o sal, faça uma cova e adicione os ovos e um pouco de leite. Misture bem. Junte o restante do leite até obter uma massa uniforme. Deixe descansar por pelo menos 30 minutos.

2 Preaqueça o forno a 220°C. Esquente a fôrma com o óleo. Coloque as linguiças e asse por 5-10 minutos até dourarem e a gordura ficar bem quente.

3 Reduza a temperatura do forno para 200°C. Com cuidado, distribua a massa ao redor das linguiças e leve ao forno por mais 30 minutos ou até a massa crescer, dourar e ficar crocante. Sirva logo em seguida.

PREPARE ANTES A massa pode ser feita com até 24 horas de antecedência. Mantenha-a na geladeira e bata rapidamente antes de usar.

Clafoutis de pêssego

Essa saborosa receita francesa pode ser servida morna ou em temperatura ambiente.

4 PORÇÕES | 10 MIN | 35 MIN

Utensílio
1 fôrma refratária baixa

Ingredientes
manteiga sem sal para untar
250 g de pêssego em calda escorrido e cortado ao meio
1 ovo, mais 1 gema
25 g de farinha de trigo
50 g de açúcar
150 ml de creme de leite fresco
¼ de colher (chá) de extrato de baunilha
creme de leite batido para servir (opcional)

Preparo

1 Preaqueça o forno a 200°C. Unte a fôrma, que deve acomodar os pêssegos dispostos em uma única camada. Coloque-os com a parte cortada para baixo, deixando um espaço entre eles.

2 Em uma tigela, bata o ovo, a gema e a farinha. Acrescente o açúcar e misture bem. Finalmente, junte o creme de leite e a baunilha e bata bem até obter um creme uniforme.

3 Distribua o creme ao redor dos pêssegos, deixando alguns visíveis. Asse na parte alta do forno por 35 minutos até a massa crescer e dourar. Retire do forno e deixe esfriar por pelo menos 15 minutos. Sirva o clafoutis morno e acompanhado de chantili.

PREPARE ANTES É melhor servir recém--preparado, mas pode ser assado com até 6 horas de antecedência e conservado em temperatura ambiente.

Clafoutis de ameixa e marzipã

Essa versão deliciosa também fica muito boa com cereja, mas, nesse caso, em vez de colocar o marzipã na cavidade da fruta, distribua pequenos pedaços dele na massa.

6 PORÇÕES | 30 MIN | 50 MIN

Utensílio

1 fôrma refratária baixa

Ingredientes

Marzipã

115 g de amêndoa moída
60 g de açúcar
60 g de açúcar de confeiteiro, mais um pouco para polvilhar
algumas gotas de extrato de amêndoa
1 clara levemente batida

Clafoutis

675 g de ameixa cortada ao meio
75 g de manteiga
4 ovos, mais 1 gema
115 g de açúcar
85 g de farinha de trigo peneirada
450 ml de leite
150 ml de creme de leite light

Preparo

1 Preaqueça o forno a 190°C. Combine os ingredientes do marzipã com clara batida suficiente para formar uma pasta espessa. Coloque um pouco dessa pasta nas metades de ameixa.

2 Unte a fôrma, que deve acomodar uma camada única de ameixas, com 15 g de manteiga. Coloque as ameixas com a parte recheada de marzipã para baixo. Derreta o restante da manteiga e deixe esfriar.

3 Junte os ovos, a gema e o restante da clara batida. Adicione o açúcar e bata até obter um creme espesso e claro. Junte o restante de manteiga derretida à farinha, ao leite e ao creme de leite para formar a massa. Despeje a mistura sobre as ameixas e leve ao forno por cerca de 50 minutos até firmar e dourar. Polvilhe com o açúcar de confeiteiro e sirva ainda morno.

PREPARE ANTES É melhor servir o clafoutis recém-preparado, mas pode ser assado até 6 horas antes e servido em temperatura ambiente.

DICA DA AUTORA

O clafoutis é basicamente um creme doce assado ao redor de algum tipo de fruta. Pode ser feito com certas frutas em conserva, como pêssego em calda, mas o ideal é usar frutas da estação. Fica excelente com cereja, amora, ameixa e groselha.

Clafoutis de ameixa

Essa é uma sobremesa ótima para se fazer na época da ameixa. O kirsch pode ser substituído por brandy, se preferir. IMAGEM NAS PÁGINAS SEGUINTES

6-8 PORÇÕES | 20-25 MIN | 30-35 MIN

Utensílio

1 fôrma refratária baixa

Ingredientes

manteiga sem sal para untar
100 g de açúcar, mais um pouco para polvilhar
625 g de ameixa pequena cortada ao meio
45 g de farinha de trigo
uma pitada de sal
150 ml de leite
75 ml de creme de leite fresco
4 ovos, mais 2 gemas
3 colheres (sopa) de kirsch
2 colheres (sopa) de açúcar de confeiteiro
creme de leite fresco batido para servir (opcional)

Preparo

1 Preaqueça o forno a 180°C. Unte a fôrma, polvilhe com um pouco de açúcar e gire para cobrir os fundos e as laterais. Remova o excesso. Distribua as ameixas com a parte cortada para cima em uma única camada.

2 Peneire a farinha e o sal em uma tigela. Faça uma cova, despeje o leite e o creme de leite e bata até uniformizar. Junte os ovos, as gemas, o restante do açúcar e bata para obter uma massa uniforme.

3 Distribua a massa sobre as ameixas e, por cima, o kirsch. Asse por 30-35 minutos até que o clafoutis cresça bastante e doure. Antes de servir, polvilhe com o açúcar de confeiteiro. Sirva morno ou em temperatura ambiente com chantili.

PREPARE ANTES É melhor servir recém-preparado, mas pode ser assado até 6 horas antes e servido em temperatura ambiente.

CLAFOUTIS DE AMEIXA

pães doces

Brioche des rois

Esse pão é servido na França no Dia de Reis. A fava em seu interior representa os presentes dos Três Reis Magos.

10-12 PORÇÕES | 25 MIN | 25-30 MIN | 4 SEM

Tempo de descanso e crescimento
4-6 h

Utensílios
1 assadeira ou 1 fôrma redonda de 25 cm com furo no meio
1 fava ou 1 berloque de porcelana (opcional, veja a Dica da Autora, p. 159)
1 pincel

Ingredientes

Brioche
2½ colheres (chá) de fermento biológico seco
2 colheres (sopa) de água quente
2 colheres (sopa) de açúcar
5 ovos batidos
375 g de farinha de trigo, mais um pouco para polvilhar
1½ colher (chá) de sal
óleo para untar
175 g de manteiga sem sal em temperatura ambiente cortada em pedaços

Cobertura
1 ovo ligeiramente batido
50 g de frutas cristalizadas
25 g de açúcar cristal (opcional)

1 Misture o fermento, a água quente e um pouco de açúcar. Deixe por 10 minutos.

2 Acrescente os ovos à mistura anterior. Peneire a farinha, o sal e o açúcar restante.

3 Faça uma cova no meio e despeje a mistura de fermento e ovos.

4 Com um garfo, e depois com as mãos, misture tudo até obter uma massa pegajosa.

5 Coloque a massa sobre uma superfície levemente enfarinhada.

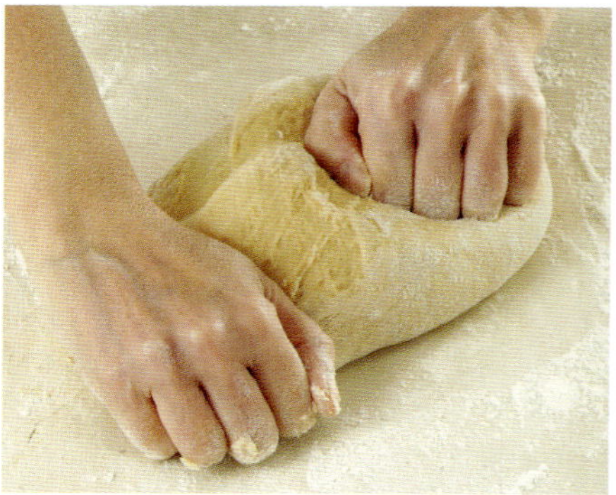

6 Sove a massa por 10 minutos até ficar elástica, mas ainda pegajosa.

7 Forme uma bola, coloque-a em uma tigela untada e cubra o recipiente com filme de PVC.

8 Depois de descansar em lugar quente por 2-3 horas, sove de novo suavemente.

9 Espalhe ⅓ da manteiga em cubos sobre a massa.

10 Dobre a massa sobre a manteiga e amasse delicadamente por 5 minutos.

11 Repita a operação com o restante da manteiga até incorporá-la completamente.

12 Modele a massa e esconda dentro dela a fava ou o berloque (ver p.159).

13 Coloque em uma assadeira untada ou em uma fôrma com furo no meio untada.

14 Caso não tenha uma com furo no meio, use um pequeno pote de cerâmica.

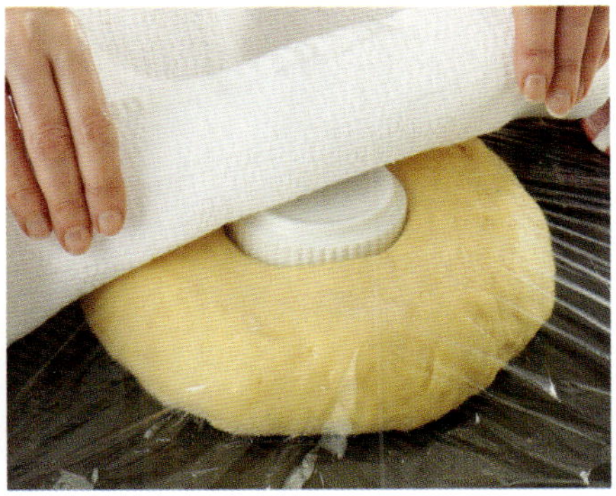

15 Cubra com filme de PVC e pano de prato. Deixe por 2-3 horas até dobrar de tamanho.

16 Pincele o ovo batido. Espalhe as frutas cristalizadas e o açúcar cristal, se for usá-lo.

17 Preaqueça o forno a 200°C. Asse por 25-30 minutos até dourar.

18 Deixe esfriar ligeiramente, depois transfira para uma grade sem deslocar a cobertura.
GUARDE O brioche pode ser armazenado em recipiente hermético por até 3 dias.

Variações de Brioche

Briochinho

Eles têm o tamanho de um bocado e são conhecidos na França como *brioche à tête* (algo como "um brioche por pessoa"), por razões óbvias!

10 PORÇÕES | 45-50 MIN | 15-20 MIN | 8 SEM

Tempo de descanso e crescimento
1h30-2h

Utensílios
10 forminhas de 7,5 cm de diâmentro
1 pincel

Ingredientes
manteiga derretida para untar
1 massa de brioche (ver pp. 156-7, passos 1-11)
farinha de trigo para polvilhar
1 ovo batido para pincelar
½ colher (chá) de sal

Preparo

1 Unte as forminhas com a manteiga derretida e coloque-as na assadeira.

2 Corte a massa ao meio. Transforme cada metade em um cilindro de 5 cm de diâmetro e corte em cinco pedaços. Repita o processo com o restante da massa. Modele cada pedaço formando uma bola macia.

3 Belisque um quarto de cada bola, quase separando do restante da massa. Segurando a bolinha, coloque cada brioche dentro da fôrma, torcendo e apertando sobre a parte inferior. Cubra com um pano de prato seco e deixe crescer por 30 minutos.

4 Preaqueça o forno a 220°C. Bata levemente o ovo com o sal e pincele os brioches. Asse por 15-20 minutos até dourar. Estarão prontos quando, batendo na base de cada um, o som for oco. Desenforme e deixe esfriar sobre uma grade.

GUARDE Os brioches podem ser armazenados em recipiente hermético por até 3 dias.

Babá ao rum

Banhada em sua calda, é perfeito para um jantar com amigos.

4 PORÇÕES | 20 MIN | 20 MIN

Tempo de descanso e crescimento
30 min

Utensílios
4 forminhas de 7,5 cm ou 4 fôrmas para babá

Babá
60 g de manteiga derretida, mais um pouco para untar
150 g de farinha
60 g de uva-passa
1½ colher (chá) de fermento biológico seco instantâneo
155 g de açúcar
uma pitada de sal
2 ovos ligeiramente batidos
4 colheres (sopa) de leite morno
óleo vegetal para untar
3 colheres (sopa) de rum
300 ml de creme de leite fresco
2 colheres (sopa) de açúcar de confeiteiro
chocolate ralado para acompanhar

Preparo

1 Unte as fôrmas. Peneire a farinha em uma tigela e coloque as uvas-passas, o fermento, 30 g de açúcar e o sal. Bata os ovos e o leite e acrescente à mistura. Adicione a manteiga. Bata bem por 3-4 minutos. Encha metade das fôrmas.

2 Coloque em uma assadeira e cubra com filme de PVC untado. Deixe crescer por 30 minutos ou até a massa dobrar de tamanho. Preaqueça o forno a 200°C e asse até dourar. Deixe esfriar.

3 Em uma panela, aqueça 120 ml de água com o açúcar restante e ferva por 2 minutos. Tire do fogo, deixe esfriar e coloque o rum. Espete os babás com um palito e depois mergulhe-os na calda.

4 Bata o creme de leite fresco com o açúcar de confeiteiro até formar picos firmes. Para servir, coloque uma farta quantidade de creme sobre cada babá e espalhe o chocolate.

Brioche Nanterre

A massa básica do brioche pode ser assada com um furo no meio, em bolinhos ou na fôrma de pão. Este formato é ótimo para ser saboreado em fatias ou como torradas.

1 UNID	30 MIN	30 MIN	4 SEM

Tempo de descanso e crescimento
4-6h

Utensílios
1 fôrma para pão de fôrma de 900 g
1 pincel

Ingredientes
1 massa de brioche (ver pp. 156-7, passos 1-11)
1 ovo batido para pincelar

Preparo

1 Forre o fundo e os lados da fôrma com papel-manteiga. Coloque uma camada dupla no fundo. Divida a massa em oito partes e forme bolas pequenas. Coloque-as na fôrma preparada, dispondo-as lado a lado, em pares.

2 Cubra com filme de PVC e com um pano de prato e deixe crescer por mais 2-3 horas até a massa dobrar de volume.

3 Preaqueça o forno a 200°C. Pincele a massa com um pouco do ovo batido e asse na grade mais distante da chama por 30 minutos ou até que, batendo no fundo do pão, o som seja oco. Verifique o pão aos 20 minutos e cubra-o com papel-alumínio, caso esteja dourando muito rápido.

4 Deixe esfriar na fôrma por alguns minutos, em seguida desenforme sobre uma grade. É delicioso tostado ou com manteiga.

GUARDE O brioche pode ser armazenado em recipiente hermético por até 3 dias.

DICA DA AUTORA

O brioche foi criado na França para celebrar o Dia de Reis. Segundo a tradição, uma fava de feijão era colocada na massa crua como prenda oculta. Ela garantia a quem a encontrava um ano de sorte. A fava usada no passado foi substituída por uma pequena figura de porcelana.

Hefezopf

Similar ao brioche, esse tradicional pão doce alemão é mais gostoso no dia em que é assado.

1 UNID	20 MIN	25-35 MIN	ATÉ 8 SEM

Tempo de crescimento e descanso
4-4h30

Utensílios
1 assadeira antiaderente
1 pincel

Ingredientes
2 colheres (chá) de fermento biológico seco
125 ml de leite morno
1 ovo grande
450 g de farinha de trigo, mais um pouco para polvilhar
75 g de açúcar
¼ de colher (chá) de sal
75 g de manteiga sem sal derretida
óleo vegetal para untar
1 ovo batido para pincelar

1 Dissolva o fermento no leite morno. Deixe esfriar, adicione o ovo e bata bem.

2 Coloque a farinha, o açúcar e o sal em uma tigela. Faça uma cova e despeje o líquido.

3 Junte a manteiga derretida e incorpore aos poucos até formar a massa.

4 Sove a massa por 10 minutos em superfície enfarinhada até ficar macia e flexível.

5 Coloque em uma tigela untada, cubra com filme de PVC e deixe crescer por 2-2h30.

6 Sobre uma superfície enfarinhada, pressione a massa. Depois, divida-a em três partes.

7 Usando a palma da mão, role cada parte para formar um rolinho.

8 Role mais, sempre usando as palmas, até chegar a 30 cm de comprimento.

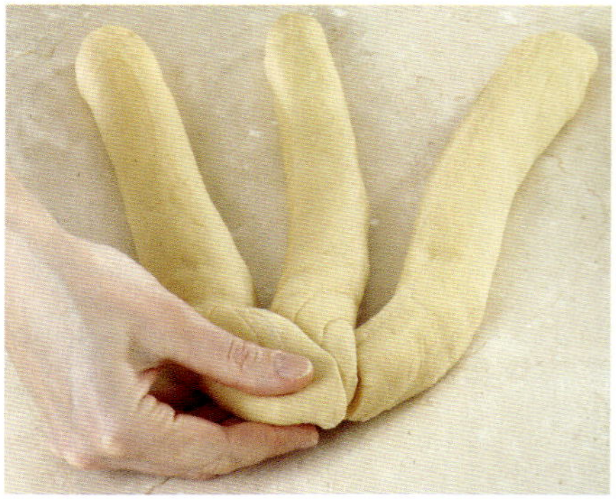

9 Junte as pontas dos três rolos, deixe a emenda para baixo e comece a trançar.

10 Deixe a trança frouxa, com espaço para a massa crescer. Esconda as pontas embaixo.

11 Coloque na assadeira com papel-manteiga. Cubra com filme de PVC untado e um pano.

12 Deixe descansar por 2 horas. Não dobrará de tamanho, mas crescerá ao assar.

13 Preaqueça o forno a 190°C. Pincele com bastante ovo batido.

14 Asse por 25-30 minutos até dourar. Verifique se as emendas estão assadas.

15 Se não estiverem, cubra com papel-alumínio e asse por 5 minutos. Sirva frio.

GUARDE Conserva-se por até 2 dias. **EXPERIMENTE TAMBÉM** Junte 75 g de uva-passa clara no passo 2 e espalhe amêndoa laminada no passo 13.

Variações de Hefezopf

Hefezopf de pecãs e uva-passa

As especiarias fazem esse pão ficar saboroso também reaquecido.

1 UNID	30 MIN	25-35 MIN	ATÉ 8 SEM

Tempo de crescimento e descanso
4-4h30

Utensílios
1 assadeira antiaderente
1 pincel

Ingredientes
3 rolos de massa de Hefezopf com cerca de 30 cm (ver p. 160, passos 1-8)
50 g de uva-passa
50 g de pecãs picadas
3 colheres (sopa) de açúcar demerara
2 colheres (chá) de mix de especiarias (cravo e canela em pó)

Preparo

1 Molde três rolos de 30 cm x 8 cm. Não é preciso ser exato, mas os três devem ter mais ou menos o mesmo tamanho.

2 Misture as uvas-passas, as pecãs, o açúcar e o cravo e a canela. Espalhe um terço da mistura sobre cada rolo e pressione para fixar. Molde novamente. São três rolos de 30 cm recheados.

3 Junte as pontas dos três rolos, ocultando a emenda do início. Faça uma trança solta, deixando espaço para que a massa cresça. Esconda as pontas do final embaixo da trança.

4 Coloque em uma assadeira forrada com papel-manteiga, cubra com filme de PVC untado e um pano e deixe descansar por mais 2 horas. Preaqueça o forno a 190°C.

5 Pincele a trança com ovo. Asse por 25-30 minutos até crescer bastante e dourar. Se não estiver assada nas emendas, mas dourar bem, cubra com papel-alumínio e asse por mais 5 minutos. Retire do forno e deixe esfriar em uma grade por pelo menos 15 minutos antes de servir.

GUARDE É melhor consumir no mesmo dia, mas pode ser armazenado por até 2 dias, envolvido em filme de PVC.

DICA DA AUTORA
Tradicionalmente, esse pão doce trançado de massa fermentada é servido na Páscoa em toda a Alemanha. É muito semelhante ao brioche e pode ser assado com uma grande variedade de frutas secas e nozes. Experimente fazer essa receita com seus ingredientes favoritos.

Chalá

Tradicional pão judaico que é assado nos feriados e no Sabá.

1 UNID	45-55 MIN	35-40 MIN	ATÉ 8 SEM

Tempo de descanso
1h45-2h15

Utensílios
1 assadeira antiaderente
1 pincel

Ingredientes
2½ colheres (chá) de fermento biológico seco
4 colheres (sopa) de óleo vegetal, mais um pouco para untar
4 colheres (sopa) de açúcar
2 ovos, mais 1 gema para pincelar
2 colheres (chá) de sal
550 g de farinha de trigo, mais um pouco para polvilhar
1 colher (chá) de semente de papoula ou linhaça (opcional)

Preparo

1 Coloque 250 ml de água em uma panela e deixe quase ferver. Coloque 4 colheres (sopa) da água em uma tigela e dissolva o fermento. Deixe descansar por 5 minutos, mexendo uma vez. Coloque o óleo e o açúcar na água que sobrou na panela, mexa e deixe amornar.

2 Bata os ovos em uma tigela e junte a água açucarada, o sal e o fermento dissolvido. Adicione metade da farinha e misture bem. Aos poucos, junte o restante da farinha e misture até formar uma massa macia e um pouco grudenta. Faça uma bola.

3 Em uma superfície enfarinhada, sove a massa por 5-7 minutos até ficar uniforme e elástica. Coloque em uma tigela untada e vire. Cubra com um pano úmido e deixe descansar por 1-1h30 até dobrar de tamanho.

4 Unte a assadeira com óleo. Coloque a massa na superfície enfarinhada e pressione-a com o punho. Corte a massa em quatro pedaços iguais e molde cada pedaço até obter um cordão de 63 cm de comprimento.

5 Alinhe os cordões, um ao lado do outro. Começando com o da esquerda, cruze o primeiro sobre o segundo. Levante o terceiro cordão e cruze sobre o quarto. Depois, levante o quarto e coloque-o entre o primeiro e o segundo. Termine trançando as pontas, juntando-as e escondendo-as embaixo da trança.

6 Coloque a trança na assadeira, cubra com um pano e deixe descansar por 45 minutos até dobrar de tamanho. Preaqueça o forno a 190°C. Bata a gema com 1 colher (sopa) de água. Pincele a massa com a mistura e, se usar, polvilhe com as sementes.

7 Asse por 35-40 minutos até dourar e o pão soar oco ao ser batido na base.

GUARDE Pode ser armazenado por até 2 dias, envolto em filme de PVC.

Pane al latte

Macio e levemente doce, é perfeito para as crianças, mas, servido no café da manhã ou no lanche da tarde, conquista qualquer adulto!

1 UNID | 30 MIN | 20 MIN

Tempo de crescimento e descanso
2h30-3h

Utensílios
1 assadeira antiaderente
1 pincel

Ingredientes
2 colheres (chá) de fermento biológico seco
200 ml de leite morno
3 ovos, sendo 1 batido, para pincelar
500 g de farinha de trigo, mais um pouco para polvilhar
1 colher (chá) de sal
2 colheres (sopa) de açúcar
50 g de manteiga sem sal derretida
óleo vegetal para untar

Preparo

1 Dissolva o fermento no leite, junte 2 ovos e misture. Coloque a farinha, o sal e o açúcar em uma tigela e misture bem.

2 Aos poucos, adicione a mistura de leite e a manteiga à mistura de farinha, mexendo até formar uma massa leve. Sove por 10 minutos em superfície enfarinhada até a massa ficar uniforme, brilhante e elástica.

3 Coloque em uma tigela untada, cubra com filme de PVC e deixe descansar por 2 horas até dobrar de tamanho. Sobre uma superfície enfarinhada, pressione a massa com o punho. Divida em cinco pedaços, dois deles um pouco maiores que os demais.

4 Sove cada pedaço e modele rolos: os menores com 20 cm de comprimento e os maiores com 25 cm. Deixe os três menores lado a lado em uma assadeira forrada com papel-manteiga. Coloque um rolo maior de cada lado e junte suas extremidades, envolvendo os três rolos menores e dando ao pão uma forma arredondada. Pressione as pontas para não desgrudarem.

5 Cubra com filme de PVC untado com óleo e um pano e deixe descansar por 30 minutos a 1 hora até dobrar de tamanho. Preaqueça o forno a 190°C.

6 Pincele com o terceiro ovo batido e asse por 20 minutos até dourar. Retire do forno e deixe esfriar por, pelo menos, 10 minutos antes de servir.

GUARDE É melhor consumir ainda quente, mas pode ser armazenado por até 1 noite e tostado no dia seguinte.

DICA DA AUTORA

O uso de ovos, leite e açúcar dá a esse pão de origem italiana um sabor ligeiramente adocicado e uma textura aveludada. É melhor servi-lo ainda quente com muita manteiga sem sal e geleia caseira de morango. As crianças adoram!

Panetone

Tradicionalmente servido no Natal tanto na Itália quanto no Brasil, não é tão difícil de fazer quanto parece.

8 PORÇÕES | 30 MIN | 40-45 MIN | 4 SEM

Tempo de descanso e crescimento
4h

Utensílios
1 fôrma redonda alta de 15 cm e fundo removível ou 1 fôrma especial para panetone
1 pincel

Ingredientes
2 colheres (chá) de fermento biológico seco
125 ml de leite morno
50 g de açúcar
425 g de farinha de trigo, mais um pouco para polvilhar
1 pitada de sal
75 g de manteiga sem sal derretida
2 ovos grandes, mais 1 ovo pequeno batido para pincelar
1½ colher (chá) de extrato de baunilha
175 g de frutas secas e cristalizadas variadas picadas
raspas de 1 laranja
óleo vegetal para untar
açúcar de confeiteiro para polvilhar

1 Hidrate o fermento no leite. Em uma tigela à parte, misture o açúcar, a farinha e o sal.

2 Quando o líquido espumar, acrescente a manteiga, os ovos, a baunilha e misture.

3 Acrescente os ingredientes secos; a massa fica mais pegajosa que a de pão.

4 Em uma superfície enfarinhada, sove a massa por 10 minutos até ficar elástica.

5 Faça uma bola e estenda; mantenha a superfície enfarinhada.

6 Espalhe as frutas e as raspas de laranja sobre a massa e incorpore.

7 Modele a massa para formar uma bola e coloque em uma tigela untada.

8 Cubra a tigela com um pano de prato seco ou coloque em um saco plástico grande.

9 Deixe a massa crescer em lugar quente por 2 horas até dobrar de volume.

10 Forre a fôrma com uma camada dupla de papel-manteiga.

11 Se usar fôrma de bolo, faça um cilindro que fique 10 cm maior que a borda.

12 Aperte a massa para tirar o ar e coloque-a sobre uma superfície enfarinhada.

13 Sove a massa e forme uma bola do tamanho certo para caber na fôrma.

14 Coloque-a na fôrma, cubra e deixe crescer por 2 horas até dobrar de tamanho.

15 Preaqueça o forno a 190ºC. Pincele o topo do panetone com o ovo batido.

16 Asse por 40-45 minutos. Cubra com papel-alumínio caso doure muito depressa.

17 Deixe esfriar por 5 minutos e desenforme. Estará pronto se soar oco ao bater o fundo.

18 Remova o papel e deixe esfriar completamente. Polvilhe com açúcar de confeiteiro antes de servir. **GUARDE** O panetone conserva-se em recipiente hermético por até 2 dias.

Variações de Panetone

Panetone de chocolate e avelã

Essa alternativa ao panetone tradicional é a preferida das crianças, e com as sobras dá para fazer a deliciosa Sobremesa de panetone abaixo.

8 PORÇÕES | 30 MIN | 45-50 MIN | 4 SEM

Tempo de descanso e crescimento
3h

Utensílios
1 fôrma redonda alta de 15 cm e fundo removível ou 1 fôrma para panetone
1 pincel

Ingredientes
1 colher (chá) de fermento biológico seco
125 ml de leite morno
50 g de açúcar
425 g de farinha de trigo, mais um pouco para polvilhar
uma pitada de sal
75 g de manteiga sem sal em temperatura ambiente
2 ovos grandes batidos, mais 1 ovo pequeno para pincelar
1 colher (chá) de extrato de baunilha
75 g de avelã picada grosseiramente
raspas de 1 laranja
óleo vegetal para untar
100 g de chocolate meio amargo picado
açúcar de confeiteiro para polvilhar

Preparo

1 Dissolva o fermento no leite morno e deixe por 5 minutos, mexendo de vez em quando, até espumar. Em uma tigela, misture o açúcar, a farinha e o sal. Acrescente a manteiga, os ovos e o extrato de baunilha à mistura de leite e fermento e misture.

2 Adicione os ingredientes secos e misture até obter uma massa homogênea. Sove-a por 10 minutos até ficar lisa e elástica.

3 Estenda a massa em uma superfície enfarinhada. Espalhe as avelãs e as raspas de laranja sobre a superfície da massa e trabalhe-a até que todos os ingredientes estejam incorporados. Faça uma bola e coloque-a em uma tigela untada.

4 Cubra a tigela com um pano de prato úmido e deixe descansar por 2 horas até dobrar de tamanho. Enquanto isso, forre a fôrma com uma camada dupla de papel-manteiga. Se usar uma fôrma de bolo, faça um cilindro com o papel para que fique 5-10 cm mais alto que a fôrma.

5 Coloque a massa crescida sobre uma superfície enfarinhada, sove para tirar o ar e abra de novo. Espalhe os pedaços de chocolate e incorpore-os, fazendo uma bola. Coloque a massa na fôrma, cubra e deixe descansar por mais 2 horas até dobrar de tamanho.

6 Preaqueça o forno a 190°C. Pincele o topo do panetone com o ovo batido. Asse por 45-50 minutos. Cubra com papel--alumínio caso doure muito depressa.

7 Deixe o panetone esfriar na fôrma por 5 minutos e desenforme. Estará pronto se soar oco ao bater no fundo.

GUARDE O panetone pode ser armazenado em recipiente hermético por até 2 dias.

Sobremesa de panetone

As sobras de panetone podem ser usadas nessa sobremesa rápida e fácil de fazer. Experimente acrescentar raspas de laranja e cereja à massa para obter um sabor diferente!

4-6 PORÇÕES | 10 MIN | 30-40 MIN

Utensílio
1 fôrma rasa média

Ingredientes
50 g de manteiga sem sal em temperatura ambiente
250 g de panetone
350 ml de creme de leite light (ou 175 ml de creme de leite e 175 ml de leite)
2 ovos grandes
50 g de açúcar
1 colher (chá) de extrato de baunilha

Preparo

1 Preaqueça o forno a 180°C. Use um pouco da manteiga para untar a fôrma.

2 Corte o panetone em fatias de 1 cm de espessura. Passe manteiga nos dois lados e coloque na fôrma, sobrepondo ligeiramente. Bata o creme de leite light (ou o creme de leite e o leite), os ovos, o açúcar e a baunilha. Despeje sobre as fatias de panetone e depois faça uma leve pressão, de cima para baixo, para assegurar que fiquem embebidas do líquido.

3 Asse na grade central do forno por 30-40 minutos até que endureçam, fiquem ligeiramente estufadas e dourem um pouco. Sirva quente com chantili.

PREPARE ANTES Depois de pronto, conserva--se na geladeira por até 3 dias. Aqueça antes de servir.

EXPERIMENTE TAMBÉM

Pavê de panetone para ocasiões especiais

O panetone pode ser coberto com uma boa geleia e, no creme, pode-se acrescentar raspas de laranja e noz--moscada, em uma versão para festas.

Minipanetone recheado

É uma opção de sobremesa no Natal.

6 PORÇÕES | 1H | 30-35 MIN

Tempo de crescimento, descanso e refrigeração
1 hora para crescer e descansar e 3 horas para esfriar

Utensílios
6 fôrmas especiais para panetone com capacidade para 220 g
processador de alimentos

Ingredientes
manteiga para untar
1 massa de panetone (ver p. 166, passos 1-9)
300 g de mascarpone
300 g de creme de leite fresco
2 colheres (sopa) de kirsch ou outro licor de fruta (opcional)
12 cerejas cristalizadas cortadas em quatro
50 g de pistache sem sal descascado e picado grosseiramente
3 colheres (sopa) de açúcar de confeiteiro, mais um pouco para polvilhar

Preparo

1 Unte as fôrmas e forre-as com papel-manteiga com o dobro da altura delas.

2 Divida a massa em seis partes iguais e coloque-as nas fôrmas. Cubra e deixe crescer por 1 hora ou até dobrar de tamanho. Preaqueça o forno a 190°C.

3 Asse por 30-35 minutos até dourar. Retire os panetones das fôrmas e bata no fundo. Devem emitir um som oco. Se não, coloque-os em uma assadeira no forno por mais 5 minutos. Depois, deixe-os esfriar sobre uma grade.

4 Esvazie os panetones: coloque-os deitados e, com uma faca afiada, faça um círculo nas bases, deixando uma margem de 1 cm das bordas. Reserve os discos.

5 Corte o interior dos panetones, de baixo para cima, seguindo os limites do buraco feito na base. Remova o miolo.

6 Processe o miolo até obter uma farofa. Em uma tigela, misture o mascarpone e o creme de leite com o licor. Junte a farofa e misture tudo.

7 Acrescente as cerejas, os pistaches e o açúcar de confeiteiro. Recheie os panetones e feche-os com seus discos.

8 Embrulhe-os com filme de PVC e refrigere-os por 3 horas. Desembrulhe, polvilhe com açúcar de confeiteiro e sirva.

PREPARE ANTES Os panetones conservam-se bem na geladeira por 1 noite.

DICA DA AUTORA
O panetone é um pão doce italiano feito tradicionalmente no Natal. O preparo é demorado, mas não é difícil, e a maior parte do tempo é gasta para a massa dobrar de tamanho. O resultado é um panetone leve, bem diferente do comprado pronto.

Bara Brith

Essa receita do País de Gales quer dizer "pão pintado". É delicioso quando consumido no mesmo dia em que é feito, ainda morno e com manteiga.

2 UNID | 40 MIN | 25-40 MIN | 8 SEM

Tempo de crescimento e descanso
2-4 h

Utensílios
2 fôrmas para bolo inglês de 900 g

Ingredientes
2 colheres (sopa) de fermento biológico seco
250 ml de leite morno
60 g de açúcar, mais 2 colheres (sopa) para polvilhar
1 ovo batido
500 g de farinha de trigo, mais um pouco para polvilhar a fôrma
1 colher (chá) de sal
60 g de manteiga sem sal em temperatura ambiente cortada em pedaços
1 colher (chá) de mix de especiarias (cravo e canela em pó)
óleo para untar
225 g de frutas secas variadas

Preparo

1 Esfarele o fermento sobre o leite morno com 1 colher (chá) de açúcar e deixe descansar por 10 minutos até a mistura espumar. Acrescente a maior parte do ovo batido, deixando um pouco para pincelar a superfície da massa.

2 Misture a farinha, o sal e a manteiga com a ponta dos dedos até formar migalhas. Junte o mix de especiarias e o restante do açúcar e faça uma cova no meio. Acrescente a mistura de leite e fermento e, com as mãos, trabalhe até obter uma massa pegajosa.

3 Coloque a massa em uma superfície de trabalho levemente enfarinhada e sove por 10 minutos até ficar macia, mas ainda bastante pegajosa. Acrescente mais farinha, 1 colher (sopa) por vez, caso a massa ainda não forme uma bola. Coloque a massa em uma tigela untada e cubra com filme de PVC. Deixe crescer por 1h30-2h até dobrar de volume.

4 Vire a massa em uma superfície de trabalho levemente enfarinhada, pressione com o punho para liberar o ar e abra um disco com 2 cm de espessura. Espalhe as frutas secas por cima e volte a enrolar, dos lados para o centro, formando uma bola novamente.

5 Divida a massa e coloque as partes nas fôrmas preparadas. Cubra com filme de PVC untado ou com um pano de prato limpo e deixe crescer por 1h30-2h até dobrar de volume novamente.

6 Enquanto isso, preaqueça o forno a 190°C. Pincele os pães com o restante do ovo e polvilhe 2 colheres (sopa) de açúcar. Asse por 25-30 minutos. A partir da metade do tempo, cubra as fôrmas com papel-alumínio, caso os pães dourem rápido demais.

7 O pão estará pronto quando dourar e ficar firme ao toque. Ao desenformar, verifique se emite um som oco ao ser batido na base. Deixe esfriar por 20 minutos antes de cortar, pois o pão continua a cozinhar depois de tirado do forno. Fatiá-lo logo faz o vapor sair do seu interior e o endurece.

GUARDE Conserva-se bem em recipiente hermético por até 2 dias (veja a Dica da Autora).

DICA DA AUTORA

Fazer dois pães ao mesmo tempo e congelar um faz sentido quando o tempo de descanso e de crescimento da massa é longo. As sobras podem ser tostadas ou usadas na preparação da Sobremesa de panetone (ver receita na p. 168).

Pão doce de canela

Se preferir, deixe os pãezinhos na geladeira durante a noite (após o passo 15) e asse-os para o café da manhã.

10-12 UNID | 40 MIN | 25-30 MIN | 4 SEM

Tempo de descanso e crescimento
3-4 h ou durante a noite

Utensílios
1 fôrma redonda de 30 cm e fundo removível
1 pincel

Ingredientes
125 ml de leite
100 g de manteiga sem sal, mais um pouco para untar
2 colheres (chá) de fermento biológico seco
50 g de açúcar
550 g de farinha de trigo peneirada, mais um pouco para polvilhar
1 colher (chá) de sal
1 ovo, mais 2 gemas
óleo vegetal para untar

Recheio e cobertura
3 colheres (sopa) de canela em pó
100 g de açúcar demerara
25 g de manteiga sem sal derretida
1 ovo ligeiramente batido
4 colheres (sopa) de açúcar

1 Esquente 125 ml de água, o leite e a manteiga até derreter. Deixe amornar.

2 Coloque o fermento e 1 colher (sopa) de açúcar. Deixe tampado por 10 minutos.

3 Coloque a farinha, o sal e o restante do açúcar em uma tigela.

4 Faça uma cova no centro e despeje a mistura de leite.

5 Bata o ovo e as gemas e junte-os à mistura. Amasse bem.

6 Sove a massa por 10 minutos. Se ficar grudenta, acrescente mais farinha.

7 Coloque em uma tigela untada e coberta com filme de PVC para crescer por 2 horas.

8 Recheio: misture 2 colheres (sopa) de canela e o açúcar demerara.

9 Depois que a massa crescer, sove-a um pouco sobre uma superfície enfarinhada.

10 Abra a massa em um retângulo de 40 cm x 30 cm. Pincele a manteiga derretida.

11 Espalhe o recheio. Deixe 1 cm de borda em um dos lados e pincele com ovo.

12 Pressione o recheio para que grude na massa.

13 Enrole a massa em direção à borda pincelada com ovo. Não aperte muito.

14 Corte cerca de doze pedaços com faca de pão, evitando deformar os pãezinhos.

15 Unte e forre a fôrma. Deixe os pães cobertos por 1 hora para crescer.

16 Preaqueça o forno a 180°C. Pincele com o ovo e asse por 25-30 minutos.

17 Dissolva 2 colheres (sopa) de açúcar em 2 de água morna e pincele os pães.

18 Polvilhe com o restante do açúcar e da canela e coloque os pães sobre uma grade.
GUARDE Podem ser armazenados em recipiente hermético por até 2 dias.

Variações de Pão doce

Pão doce Chelsea

Esses enrolados de groselha foram inventados no século XVIII, na Bun House em Chelsea, bairro de Londres, e ficaram famosos entre os nobres.

9 UNID | 30 MIN | 30 MIN | 4 SEM

Tempo de descanso e crescimento
2h

Utensílios
1 fôrma redonda de 23 cm
1 pincel

Ingredientes
1 colher (chá) de fermento biológico seco
100 ml de leite morno
280 g de farinha de trigo peneirada, mais um pouco para polvilhar
½ colher (chá) de sal
2 colheres (sopa) de açúcar
45 g de manteiga, mais um pouco para untar
1 ovo levemente batido
115 g de frutas secas
60 g de açúcar demerara
1 colher (chá) de mix de especiarias (cravo e canela em pó)
mel para a cobertura

Preparo

1 Dissolva o fermento no leite e deixe por 5 minutos até espumar. Misture a farinha, o sal e o açúcar, junte 15 g de manteiga e amasse. Acrescente o ovo e o leite com fermento. Misture tudo para obter uma massa leve. Sove por 5 minutos, coloque em uma tigela e cubra com filme de PVC. Deixe crescer por 1 hora ou até dobrar de tamanho.

2 Unte a fôrma. Coloque a massa em uma superfície enfarinhada, sove e abra em um retângulo de 30 cm x 23 cm. Derreta o restante da manteiga e pincele a massa, deixando uma borda nos lados maiores.

3 Misture as frutas secas, o açúcar demerara e as especiarias e espalhe sobre a massa. Enrole a partir do lado maior, como um rocambole, e sele as extremidades com um pouco de água. Corte o rolo em nove partes, coloque-as na assadeira e cubra com filme de PVC. Deixe descansar por 1 hora até dobrar de tamanho. Preaqueça o forno a 190°C. Asse por 30 minutos, pincele com o mel e deixe esfriar antes de transferir o pão doce para uma grade.

Pão doce de frutas com especiarias

Tão simples que nem precisa enrolar!

12 UNID | 30 MIN | 15 MIN | 4 SEM

Tempo de descanso e crescimento
1h30

Utensílios
assadeiras grandes
1 pincel

Ingredientes
240 ml de leite
2 colheres (chá) de fermento biológico seco
500 g de farinha de trigo peneirada, mais um pouco para polvilhar
1 colher (chá) de mix de especiarias (cravo e canela em pó)
½ colher (chá) de noz-moscada
1 colher (chá) de sal
6 colheres (sopa) de açúcar
60 g de manteiga sem sal em pedaços, mais um pouco para untar
óleo vegetal para untar
150 g de frutas secas
2 colheres (sopa) de açúcar de confeiteiro
¼ de colher (chá) de extrato de baunilha

Preparo

1 Amorne o leite, despeje no fermento, cubra e deixe descansar por 10 minutos até espumar. Coloque a farinha, as especiarias, o sal e o açúcar em uma tigela. Junte a manteiga e depois o leite com fermento. Sove bem por 10 minutos. Faça uma bola, coloque-a em uma tigela untada e cubra. Deixe descansar por 1 hora.

2 Coloque a massa sobre uma superfície enfarinhada e, com cuidado, misture as frutas secas. Divida a massa em doze pedaços, faça bolas e coloque-as em assadeiras untadas de forma bem espaçada. Cubra e deixe descansar por 30 minutos ou até dobrar de tamanho. Preaqueça o forno a 200°C.

3 Asse por 15 minutos ou até que, ao bater na base dos pães, soe oco. Transfira-os para uma grade. Misture o açúcar de confeiteiro, a baunilha e 1 colher (sopa) de água fria e pincele os pães ainda quentes com essa cobertura.

Pão de Páscoa

É tão bom que você vai querer fazer em outras ocasiões.

10-12 UNID | 30 MIN | 15-20 MIN | 4 SEM

Tempo de descanso e crescimento
2-4 h

Utensílios
assadeiras grandes
1 pincel
saco de confeitar com bico fino

Ingredientes
200 ml de leite
50 g de manteiga sem sal
1 colher (chá) de extrato de baunilha
2 colheres (chá) de fermento biológico seco
100 g de açúcar
500 g de farinha de trigo peneirada, mais um pouco para polvilhar
1 colher (chá) de sal
2 colheres (chá) de mix de especiarias para pão de mel (cravo, canela em pó, noz-moscada e erva-doce)
1 ovo batido, mais 1 ovo para pincelar
1 colher (chá) de canela
150 g de uva-passa preta e branca e tirinhas de frutas cristalizadas
óleo vegetal para untar

Cobertura
3 colheres (sopa) de farinha de trigo
3 colheres (sopa) de açúcar

Preparo

1 Esquente o leite, a manteiga e a baunilha em uma panela até a manteiga derreter. Deixe esfriar um pouco. Junte o fermento e 1 colher (sopa) de açúcar e bata. Tampe por 10 minutos até espumar.

2 Coloque o restante do açúcar, a farinha, o sal e as especiarias em uma tigela. Junte o ovo e a mistura de leite e trabalhe até obter uma massa. Sove por 10 minutos em uma superfície enfarinhada e abra em retângulo. Junte as frutas secas e amasse um pouco para incorporá-las.

3 Coloque a massa em tigela untada, cubra com filme de PVC e deixe descansar por 1-2 horas até dobrar de tamanho. Na superfície enfarinhada, sove mais um pouco e faça 10-12 bolas. Coloque-as nas assadeiras forradas com papel-manteiga, cubra com filme de PVC e deixe crescer por 1-2 horas.

4 Preaqueça o forno a 220°C. Pincele com o ovo batido. Cobertura: misture a farinha e o açúcar com água até obter um creme. Coloque no saco de confeitar e enfeite os pães. Asse por 15-20 minutos.

DICA DA AUTORA

Esses pãezinhos doces tradicionais de Páscoa têm uma crosta crocante e são muito melhores que os comprados prontos. Delicados, leves e perfumados pelas frutas secas e especiarias, são deliciosos quando recém-saídos do forno, servidos com manteiga fria.

Croissant

Embora seja demorado de fazer, o resultado compensa o esforço. Comece um dia antes.

12 UNID | 1H | 15-20 MIN | 4 SEM, S/ ASSAR

Tempo de refrigeração
5h, mais 1 noite

Tempo de crescimento
1h

Utensílios
assadeiras grandes
1 pincel

Ingredientes
300 g de farinha de trigo, mais um pouco para polvilhar
½ colher (chá) de sal
30 g de açúcar
2½ colheres (chá) de fermento biológico seco
óleo vegetal para untar
250 g de manteiga sem sal gelada
1 ovo batido
manteiga ou geleia para servir (opcional)

1 Misture bem a farinha, o sal, o açúcar e o fermento.

2 Adicione água morna aos poucos, e, com ajuda de uma faca, faça uma massa suave.

3 Sove a massa em uma superfície enfarinhada até ficar elástica.

4 Coloque em uma tigela, cubra com filme de PVC untado com óleo e refrigere por 1 hora.

5 Abra a massa, formando um retângulo de 30 cm x 15 cm.

6 Abra a manteiga gelada até ficar com 1 cm de espessura, mantendo a forma retangular.

7 Coloque a manteiga no centro da massa. Cubra com a massa e refrigere por 1 hora.

8 Em uma superfície enfarinhada, abra um retângulo de 30 cm x 15 cm.

9 Dobre um terço para o centro e outro terço por cima. Refrigere por 1 hora.

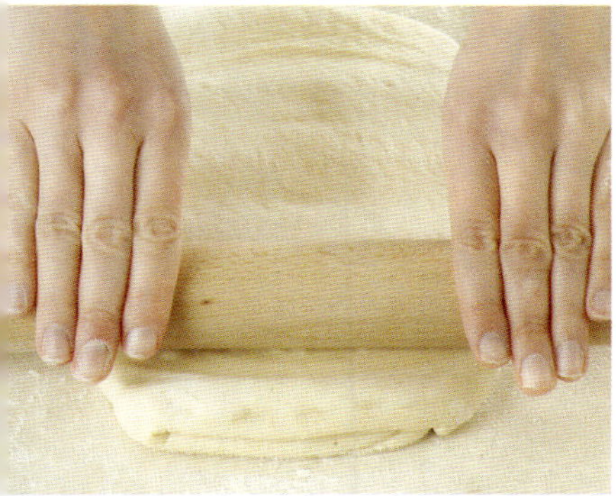

10 Abra, dobre e refrigere duas vezes. Embrulhe em filme de PVC e refrigere por 12 horas.

11 Divida a massa ao meio e abra cada metade em um retângulo de 12 cm x 36 cm.

12 Corte três quadrados de 12 cm. Corte de novo na diagonal para fazer seis triângulos. Repita.

13 Segure as pontas do lado maior e enrole a massa na sua direção. Dê forma de meia-lua.

14 Coloque-as em assadeiras forradas com papel-manteiga, deixando espaço entre elas.

15 Cubra com filme de PVC untado. Deixe por 1 hora até dobrar de tamanho. Retire o filme.

16 Preaqueça o forno a 220°C. Pincele com ovo e asse por 10 minutos.

17 Reduza a temperatura para 190°C e asse por mais 5-10 minutos.

GUARDE O ideal é consumir os croissants ainda quentes, com manteiga e geleia, mas eles podem ser armazenados em recipiente hermético por até 2 dias; esquente antes de servir.

Variações de Croissant

Pain au chocolat

Fresquinho, recém-saído do forno e com chocolate derretido escorrendo, é uma tentação no café da manhã do fim de semana.

8 UNID | 1H | 15-20 MIN | 4 SEM

Tempo de refrigeração
5h, mais 1 noite

Tempo de descanso
1h

Utensílios
assadeiras grandes
1 pincel

Ingredientes
1 massa de croissant (ver pp. 176-7, passos 1-10)
200 g de chocolate meio amargo
1 ovo batido

Preparo

1 Divida a massa em quatro partes e abra cada uma em um retângulo de 10 cm x 40 cm. Corte os pedaços ao meio para obter oito retângulos de 10 cm x 20 cm.

2 Corte o chocolate em dezesseis pedaços. A partir da borda maior, marque $\frac{1}{3}$ e $\frac{2}{3}$ de cada retângulo de massa.

3 Coloque um pedaço de chocolate na marca de $\frac{1}{3}$ e dobre a parte curta da massa sobre ele até a marca de $\frac{2}{3}$. Coloque um segundo pedaço de chocolate na marca dos $\frac{2}{3}$ junto à borda dobrada, pincele com o ovo batido ao redor da massa e dobre a outra ponta para o centro, formando uma camada tripla com pedaços de chocolate nos dois lados. Sele as extremidades para impedir que o chocolate escorra ao assar.

4 Coloque os pães em uma assadeira forrada com papel-manteiga. Cubra e deixe descansar em temperatura ambiente por 1 hora até dobrarem de tamanho. Preaqueça o forno a 220°C. Pincele os pães com ovo e leve-os ao forno por 10 minutos. Reduza a temperatura para 190°C. Asse por mais 5-10 minutos ou até dourarem.

GUARDE Os pains au chocolat podem ser armazenados em recipiente hermético por 1 dia.

Croissant de queijo e linguiça

A combinação desses sabores marcantes produz um grande efeito.

8 UNID | 1H | 15-20 MIN | 4 SEM

Tempo de refrigeração
5h, mais 1 noite

Tempo de crescimento
1h

Utensílios
1 assadeira grande
1 pincel

Ingredientes
1 massa para croissant (ver pp. 176-7, passos 1-10)
8 fatias de linguiça calabresa, presunto ou presunto cru
8 fatias de queijo, como emmental ou jarlsberg
1 ovo batido

Preparo

1 Divida a massa em quatro partes e abra cada uma em um retângulo de 10 cm x 40 cm. Corte os pedaços ao meio para obter oito retângulos de 10 cm x 20 cm.

2 Coloque uma fatia de linguiça ou presunto no meio de cada croissant e dobre um lado sobre ele. Coloque uma fatia de queijo sobre a parte dobrada, pincele com o ovo e dobre a massa restante. Sele as extremidades. Cubra e deixe em temperatura ambiente por 1 hora ou até dobrarem de tamanho. Preaqueça o forno a 220°C.

3 Pincele com ovo e asse por 10 minutos. Reduza a temperatura para 190°C. Asse os croissants por mais 5-10 minutos até dourarem.

GUARDE Podem ser armazenados em recipiente hermético por 1 dia.

DICA DA AUTORA

Esses croissants podem ser feitos com uma grande variedade de recheios. Presunto e queijo são os mais comuns, mas tente usar uma camada de presunto defumado e outra de linguiça, polvilhando com páprica para obter um sabor mais picante.

Croissant com amêndoa

Esses pães recheados de creme frangipane são leves e deliciosos.

12 UNID | 1H | 15-20 MIN | 4 SEM

Tempo de refrigeração
5h, mais 1 noite

Tempo de crescimento
1h

Utensílios
assadeiras grandes
1 pincel

Ingredientes
25 g de manteiga sem sal em temperatura ambiente
75 g de açúcar
75 g de amêndoa moída
2-3 colheres (sopa) de leite, se necessário
1 massa de croissant (ver pp. 176-7, passos 1-10)
1 ovo batido
50 g de amêndoa laminada
açúcar de confeiteiro para polvilhar

Preparo

1 Pasta de amêndoa: bata a manteiga e o açúcar e junte as amêndoas moídas. Adicione leite se ficar espessa demais.

2 Divida a massa em duas partes. Abra sobre uma superfície enfarinhada, formando dois retângulos de 12 cm x 36 cm. Corte seis quadrados de 12 cm; depois doze triângulos.

3 Espalhe uma colherada da pasta em cada um, deixando uma borda de 2 cm nos dois lados maiores. Pincele as bordas com ovo. Enrole cuidadosamente.

4 Forre duas assadeiras com papel-manteiga e coloque os croissants. Cubra e deixe em temperatura ambiente por 1 hora, até dobrarem de tamanho. Preaqueça o forno a 220°C.

5 Pincele com ovo. Espalhe as amêndoas laminadas. Asse por 10 minutos, depois reduza a temperatura a 190°C. Asse por mais 5-10 minutos até dourarem. Deixe esfriar e polvilhe com o açúcar de confeiteiro.

Folhado de damasco

Embora o preparo dessas delícias amanteigadas leve tempo, seu sabor caseiro é incomparável.

18 UNID | 30 MIN | 15-20 MIN | 4 SEM

Tempo de refrigeração
1h

Tempo de crescimento
30 min

Utensílios
assadeiras grandes
1 pincel

Ingredientes
150 ml de leite morno
2 colheres (chá) de fermento biológico seco
30 g de açúcar
2 ovos, mais 1 para pincelar
475 g de farinha de trigo peneirada, mais um pouco para polvilhar
½ colher (chá) de sal
óleo vegetal para untar
250 g de manteiga gelada em tablete
200 g de geleia ou compota de damasco, cereja ou morango

1 Misture o leite, o fermento e 1 colher (sopa) de açúcar. Espere 20 minutos e bata com 2 ovos.

2 Junte a farinha, o sal e o açúcar restante em uma tigela. Despeje a mistura de fermento.

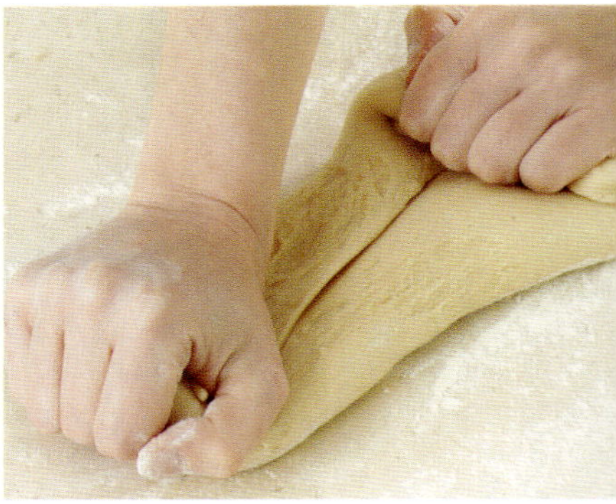

3 Misture até obter uma massa leve. Sove-a por 15 minutos até ficar macia.

4 Coloque a massa em uma tigela untada, cubra com filme e refrigere por 15 minutos.

5 Em uma superfície enfarinhada, abra a massa em um quadrado de 25 cm x 25 cm.

6 Corte a manteiga em quatro fatias de 12 cm x 1 cm.

7 Coloque as fatias de manteiga sobre metade da massa, deixando uma borda de 1-2 cm.

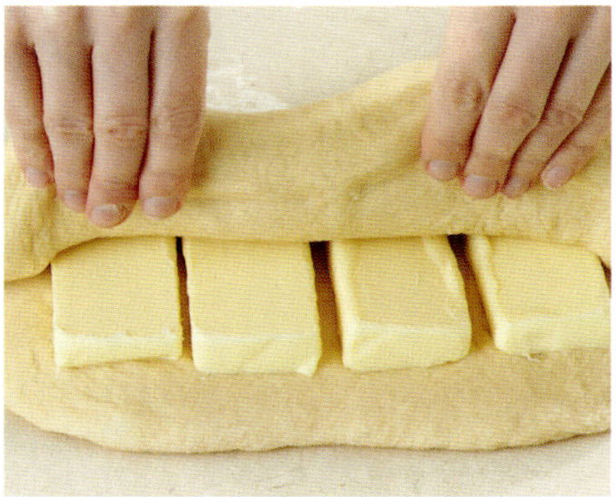

8 Cubra com a outra metade, selando as pontas com o rolo.

9 Polvilhe farinha e abra a massa em um retângulo com 1 cm de espessura.

10 Dobre um terço da massa para o centro e o outro terço por cima.

11 Embrulhe e refrigere por 15 minutos. Repita os passos 9-11 mais duas vezes.

12 Abra a massa com 5 mm a 1 cm de espessura e corte quadrados de 10 cm x 10 cm.

13 Faça cortes diagonais partindo da ponta até 1 cm do centro.

14 Coloque 1 colher (chá) de geleia no meio e dobre as pontas para o centro.

15 Coloque mais geleia, transfira para a assadeira untada e cubra com um pano.

16 Deixe descansar por 30 minutos até crescer. Preaqueça o forno a 200°C.

17 Pincele com ovo e asse na parte superior do forno por 15-20 minutos.

18 Deixe esfriar e transfira para uma grade. **GUARDE** Os folhados podem ser conservados em recipiente hermético por até 2 dias. **PREPARE ANTES** Prepare até o passo 11 e refrigere por 1 noite.

Variações de Folhado

Meia-lua de amêndoa

Manteiga, açúcar e amêndoa moída se combinam em um delicioso recheio nesse folhado em forma de meia-lua. A massa pode ser preparada na véspera.

18 UNID | 30 MIN | 15-20 MIN | 4 SEM

Tempo de refrigeração
1h

Tempo de crescimento
30 min

Utensílios
assadeiras grandes
1 pincel

Ingredientes
1 massa para folhado (ver pp. 180-1, passos 1-11)
1 ovo batido para pincelar
açúcar de confeiteiro para polvilhar

Pasta de amêndoa
25 g de manteiga sem sal em temperatura ambiente
75 g de açúcar
75 g de amêndoa moída

Preparo

1 Preaqueça o forno a 200°C. Abra metade da massa em uma superfície enfarinhada, formando um quadrado de 30 cm. Apare as bordas e corte nove quadrados de 10 cm. Repita com o restante da massa.

2 Pasta de amêndoa: bata a manteiga e o açúcar e junte as amêndoas moídas até uniformizar. Divida a pasta em dezoito bolinhas e faça rolinhos um pouco menores que os quadrados de massa. Pressione um rolinho em cada quadrado, deixando 2 cm da borda.

3 Pincele a borda com o ovo, dobre a massa sobre a pasta de amêndoa e sele as bordas. Use uma faca para fazer talhos em intervalos de 1,5-2 cm. Transfira para assadeiras untadas, cubra e deixe descansar por 30 minutos ou até crescer. Curve as bordas para fazer o formato de meia-lua.

4 Pincele com ovo e asse na parte superior do forno por 15-20 minutos até dourar. Deixe esfriar, polvilhe com o açúcar de confeiteiro e sirva.

GUARDE Podem ser armazenadas em recipiente hermético por até 2 dias.

DICA DA AUTORA

As receitas de folhados costumam indicar que a manteiga seja amassada entre pedaços de papel-manteiga ou comprimida com um rolo para torná-la maleável. Para facilitar, use fatias de manteiga gelada.

Cata-vento de nozes-pecãs

As pecãs podem ser substituídas por avelã ou nozes.

16 UNID | 30 MIN | 15-20 MIN | 4 SEM

Tempo de refrigeração
1h

Tempo de crescimento
30 min

Utensílios
assadeiras grandes
1 pincel

Ingredientes
1 massa para folhado (ver pp. 180-1, passos 1-11)
100 g de pecãs picadas
100 g de açúcar demerara
2 colheres (sopa) de canela em pó
25 g de manteiga sem sal derretida
1 ovo batido para pincelar

Preparo

1 Recheio: misture as pecãs, o açúcar e a canela. Em uma superfície enfarinhada, divida a massa e abra um quadrado de 20 cm. Apare as bordas, pincele a superfície com metade da manteiga e espalhe metade do recheio. Deixe uma borda de 1 cm e pincele com ovo.

2 Pressione o recheio para fixá-lo. Enrole, deixando a emenda para baixo. Repita com a outra metade da massa.

3 Corte as pontas e divida em oito fatias. Vire-as e aperte as bordas para que grudem; prenda com um palito. Forre quatro assadeiras com papel-manteiga. Coloque quatro cata-ventos em cada uma. Cubra e deixe descansar por 30 minutos até crescer bastante.

4 Preaqueça o forno a 200°C. Pincele o ovo e asse na parte superior do forno por 15-20 minutos até dourar.

GUARDE Os cata-ventos podem ser armazenados em recipiente hermético por até 2 dias.

Folhado de damasco

Para comer no café da manhã, a massa pode ser preparada na noite anterior; leva 30 minutos para crescer e assa rápido.

18 UNID | 30 MIN | 15-20 MIN | 4 SEM

Tempo de refrigeração
1h

Tempo de crescimento
30 min

Utensílios
assadeiras grandes
1 pincel

Ingredientes
1 massa para folhado (ver pp. 180-1, passos 1-11)
200 g de geleia de damasco
800 g de damasco em calda (ou hidratados em água filtrada) cortados ao meio.

Preparo

1 Corte a massa em duas partes. Sobre superfície enfarinhada, abra cada metade em um quadrado de 30 cm. Apare as bordas e corte nove quadrados de 10 cm. Passe a geleia por uma peneira para desfazer grumos. Espalhe 1 colher (sopa) no centro dos quadrado; deixe uma borda de 1 cm. Em cantos opostos dos quadrados, coloque 2 metades de damascos.

2 Dobre as pontas sem damasco em direção ao meio dos quadrados, cobrindo apenas parcialmente as frutas. Coloque nas assadeiras forradas com papel-manteiga, cubra e deixe crescer por 30 minutos até estufar. Preaqueça o forno a 200°C. Pincele com ovo e asse na parte superior do forno por 15-20 minutos até dourar. Aqueça a geleia restante e pincele sobre os folhados. Deixe esfriar por 5 minutos e transfira para uma grade.

GUARDE Os folhados podem ser armazenados em recipiente hermético por até 2 dias.

Donut recheado com geleia

É muito fácil de fazer, além de leve, aerado e muito mais saboroso que os comprados prontos.

12 UNID | 30 MIN | 5-10 MIN

Tempo de descanso e crescimento
3-4h

Utensílios
assadeiras antiaderentes
1 termômetro para óleo
1 saco de confeiteiro com bico fino

Ingredientes
75 g de manteiga sem sal
150 ml de leite
½ colher (chá) de extrato de baunilha
2 colheres (chá) de fermento biológico seco
75 g de açúcar
2 ovos batidos
425 g de farinha de trigo 00, mais um pouco para polvilhar
½ colher (chá) de sal
1 litro de óleo de girassol para fritar, mais um pouco para untar

Cobertura e recheio
açúcar para polvilhar
250 g de geleia de boa qualidade (framboesa, morango ou cereja) processada até ficar sem grumos

1 Derreta a manteiga no leite com a baunilha. Deixe amornar. Misture o fermento...

2 ... e 1 colher (sopa) de açúcar. Tampe e deixe por 10 minutos. Junte os ovos.

3 Peneire a farinha e o sal em uma tigela. Misture o restante do açúcar.

4 Faça uma cova na farinha e acrescente a mistura de leite. Mexa e forme a massa.

5 Sove por 10 minutos em superfície enfarinhada até ficar macia e moldável.

6 Espere dobrar de tamanho por 2 horas em tigela untada coberta com filme de PVC.

7 Em uma superfície enfarinhada, sove de novo e divida a massa em doze pedaços.

8 Faça bolas. Coloque-as em assadeiras, cubra com filme de PVC e um pano de prato.

9 Deixe a massa descansar por 1-2 horas até dobrar de tamanho.

10 Esquente 10 cm de óleo a 170-180°C. Por segurança, mantenha uma tampa por perto.

11 Retire os donuts das assadeiras. Não se preocupe se ficarem achatados de um lado.

12 Com cuidado, frite-os com a parte arredondada para baixo.

13 Vire após 1 minuto. Quando os dois lados dourarem, retire-os do óleo.

14 Escorra no papel-toalha e passe no açúcar enquanto está quente. Deixe esfriar e recheie.

15 Coloque a geleia no saco de confeiteiro. Fure os donuts e insira o bico.

16 Com delicadeza, injete a geleia até quase vazar. Polvilhe açúcar no furo e sirva.
GUARDE Os donuts podem ser armazenados em recipiente hermético por 1 dia.

Variações de Donut

Anel de donut

Não desperdice as sobras de massa. Frite-as separadamente para aproveitar ao máximo essa delícia, muito mais gostosa quando feita em casa.

12 UNID | 35 MIN | 5-10 MIN

Tempo de descanso e crescimento
3-4h

Utensílios
1 assadeira antiaderente
1 cortador redondo de 4 cm
1 termômetro para óleo

Ingredientes
1 receita de massa para donut (ver p. 184, passos 1-6)
1 litro de óleo de girassol para fritar, mais um pouco para untar
açúcar para polvilhar

Preparo

1 Coloque a massa sobre uma superfície enfarinhada. Sove-a com delicadeza e divida-a em doze partes, enrolando-as em forma de bola.

2 Coloque-as na assadeira, bem separadas, pois crescerão. Cubra com filme de PVC e um pano de prato e deixe descansar por 1-2 horas até dobrarem de tamanho.

3 Achate os donuts com um rolo e deixe-os com 3 cm de altura. Unte o cortador com óleo. Corte o centro dos donuts e reserve.

4 Coloque 10 cm de óleo em uma panela funda e aqueça até 170°C-180°C. Por segurança, deixe a tampa à mão caso respingue. Mantenha a temperatura constante, ou os donuts queimarão.

5 Tire-os da assadeira com uma espátula. Não se preocupe se ficarem achatados em um dos lados, pois crescerão ao fritar. Mergulhe-os com a parte arredondada para baixo e frite três unidades por vez por 1 minuto, virando quando a parte de baixo dourar.

6 Quando dourarem completamente, retire e deixe escorrer em papel-toalha. Desligue o fogo quando terminar de fritar. Os centros cortados podem ser fritos da mesma maneira (as crianças adoram). Enquanto ainda quentes, passe no açúcar e deixe esfriar um pouco antes de servir.

GUARDE Os donuts podem ser armazenados em recipiente hermético por 1 dia.

Donut de creme

O creme de baunilha é um favorito para rechear esses bolinhos. Prepare um creme caseiro usando ovos, açúcar e leite.

12 UNID | 30 MIN | 5-10 MIN

Tempo de descanso e crescimento
3-4h

Utensílios
1 assadeira antiaderente
1 termômetro para óleo
1 saco de confeitar com bico de metal

Ingredientes
1 receita de massa para donut (ver p. 184, passos 1-6)
1 litro de óleo de girassol para fritar, mais um pouco para untar

Recheio
3 gemas
3 colheres (sopa) de açúcar, mais um pouco para polvilhar
gotas de extrato de baunilha
300 ml de leite

Preparo

1 Coloque a massa sobre uma superfície enfarinhada. Sove-a e divida em doze partes. Enrole-as, formando bolas.

2 Coloque-as na assadeira, separadas entre si, pois crescerão. Cubra com filme de PVC e deixe descansar por 1-2 horas até quase dobrar de tamanho.

3 Coloque 10 cm de óleo em uma panela funda e aqueça a 170°C-180°C. Tenha uma tampa à mão por segurança. Regule a temperatura, mantendo-a constante para não queimar.

4 Retire os donuts das assadeiras. Não se preocupe se um dos lados estiver achatado, pois crescerão ao fritar. Frite três de cada vez por cerca de 1 minuto, virando-os assim que a parte de baixo dourar. Quando dourarem completamente, retire-os com uma escumadeira e coloque sobre papel-toalha. Quando terminar, desligue o fogo.

5 Recheio: bata as gemas com o açúcar e o extrato de baunilha. Aqueça o leite até quase ferver e acrescente aos poucos às gemas. Aqueça a mistura em fogo baixo, mexendo sempre, até o creme engrossar (não deixe ferver para não talhar). Coloque o creme em um saco de confeitar e perfure o donut até o meio. Recheie com creme até quase transbordar. Passe, ainda quente, no açúcar, disfarçando o furo.

GUARDE Os donuts podem ser armazenados em recipiente hermético por 1 dia.

Churro

De origem espanhola, esses doces polvilhados com canela e açúcar ficam prontos em poucos minutos. Experimente mergulhá-los em chocolate quente ou doce de leite.

2-4 PORÇÕES | 10 MIN | 5-10 MIN

Utensílios
1 termômetro para óleo
1 saco de confeiteiro com bico de 2 cm

Ingredientes
25 g de manteiga sem sal
200 g de farinha de trigo
50 g de açúcar
1 colher (chá) de fermento em pó
1 litro de óleo de girassol
1 colher (chá) de canela

Preparo

1 Coloque 200 ml de água fervente em uma caneca. Junte a manteiga e mexa até derreter. Em uma tigela, peneire a farinha, a metade do açúcar e o fermento.

2 Faça uma cova no centro da farinha e, aos poucos, coloque a manteiga derretida, mexendo sempre até formar uma massa pastosa; talvez não seja necessário colocar todo o líquido. Deixe a mistura esfriar e descansar por 5 minutos.

3 Coloque 10 cm de óleo em uma panela funda e aqueça até 170°C-180°C. Tenha a tampa à mão e fique atento. Mantenha a temperatura constante, ou os churros queimarão.

4 Coloque a massa no saco de confeitar. Faça tubos de 7 cm de massa no óleo quente e use uma tesoura de cozinha para cortar cada porção. Não encha a panela de churros, ou a temperatura do óleo baixará. Frite por 1-2 minutos de cada lado e vire quando dourar.

5 Quando ficarem prontos, retire-os do óleo com uma escumadeira e coloque sobre papel-toalha. Desligue o fogo.

6 Misture o açúcar restante e a canela em um prato e passe os churros nessa mistura enquanto ainda estão quentes. Deixe esfriar por 5-10 minutos e sirva-os mornos.

GUARDE Os churros podem ser armazenados em recipiente hermético por 1 dia.

DICA DA AUTORA

É muito rápido fazer churros. A massa pode ser enriquecida com gema, manteiga ou leite, mas as quantidades de líquido em relação aos ingredientes secos devem ser mantidas. Quanto mais fina a massa, mais leve será o resultado, porém fritá-la nessa condição requer mais prática.

Índice

As entradas de página em **negrito** indicam as receitas passo a passo. As entradas de página em *itálico* indicam as Dicas da Autora.

ÍNDICE

P

Q

R

S

T

U

V

Z

Sobre a autora

Após fazer carreira internacional como modelo, Caroline Bretherton se entregou ao seu amor pela gastronomia, fundando a própria empresa de catering, a Manna Food, em 1996.

Sua cozinha fresca, leve e sofisticada tem um estilo próprio, que conquistou diversos clientes entre celebridades, galerias de arte, cinemas e revistas de moda, além de desenvolver projetos inovadores. Mais tarde, expandiu os negócios ao abrir o Manna Café na Portobello Road, no coração de Notting Hill, em Londres.

Nos últimos anos, passou a atuar como convidada e apresentadora de diversos programas de televisão sobre culinária.

Mais recentemente, Caroline tem se empenhado em escrever. É colaboradora regular do *The Times on Saturday* e publicou *Sabores da horta* (Publifolha), seu primeiro livro.

Nas horas livres, Caroline cultiva uma grande variedade de frutas, verduras e ervas perto de sua casa, em Londres. Sempre que pode, dedica-se à sua paixão pela coleta de ingredientes silvestres, como frutos e cogumelos, tanto no campo como na cidade.

Tem dois filhos, Gabriel e Isaac, que ficaram muito felizes em experimentar todas as receitas deste livro.

Agradecimentos

A autora gostaria de agradecer
a Mary-Clare, Dawn e Alastair da Dorling Kindersley por seu apoio e incentivo nesta imensa tarefa, assim como o trabalho de Borra Garson e a todos da Deborah McKenna por sua dedicação. Por último, gostaria de agradecer a minha família e amigos pelo enorme incentivo e grande apetite!

A Dorling Kindersley gostaria de agradecer
às seguintes pessoas por seu trabalho na sessão fotográfica:

Diretores de arte
Nicky Collings, Miranda Harvey, Luis Peral e Lisa Pettibone

Produtor de adereços
Wei Tang

Produtores culinários
Kate Blinman, Lauren Owen e Denise Smart

Assistente de economia doméstica
Emily Jonzen

O equipamento utilizado nas fotografias passo a passo foi gentilmente cedido pela Lakeland (www.lakeland.co.uk).

Caroline de Souza pela direção de arte das fotos.

Dorothy Kikon pela assistência editorial e Anamica Roy pela assistência em design.

Jane Ellis pela revisão de texto e Susan Bosanko pelo índice.

Agradecemos às seguintes pessoas pelo seu trabalho na edição norte-americana:

Consultora
Kate Curnes

Adaptação para os Estados Unidos
Nichole Morford e Jenny Siklós

Agradecemos também a Steve Crozier pela revisão final do livro.

* Para preparar o **leitelho**, a proporção é a seguinte: para cada 250 ml de leite, acrescenta-se 1 colher (sopa) de limão. Deve ser preparado, no mínimo, 10 minutos antes de ser usado na receita.